U0855243

四川省教育科研资助金项目重点课题
“基于专业发展联盟的新教师内生力培育实践”（课题编号：SCJG20A038）

幼儿园自主性游戏的
环境创设与活动指导

朱莉玲　张金莉　李　燕◆著

中国商业出版社

图书在版编目（CIP）数据

幼儿园自主性游戏的环境创设与活动指导 / 朱莉玲，张金莉，李燕著. -- 北京：中国商业出版社，2022.8
ISBN 978-7-5208-2154-4

Ⅰ. ①幼… Ⅱ. ①朱… ②张… ③李… Ⅲ. ①游戏课－学前教育－教学参考资料 Ⅳ. ①G613.7

中国版本图书馆CIP数据核字(2022)第142415号

责任编辑：王　静

中国商业出版社出版发行

（www.zgsycb.com 100053 北京广安门内报国寺1号）

总编室：010–63180647　编辑室：010–83114579
发行部：010–83120835/8286
新华书店经销

定州启航印刷有限公司印刷

*

710 毫米 ×1000 毫米　16 开　13 印张　230 千字

2022 年 8 月第 1 版　2022 年 8 月第 1 次印刷

定价：88.00 元

*　*　*　*

内容简介

“自主性游戏”是当前在幼儿教育领域备受关注的热点话题。如何创设有效的自主性游戏环境，推动幼儿的学习，让幼儿在游戏中获得滋养和成长呢？新教师在工作岗位中面临这类问题时，总感觉束手无策。本书作者以“创设自主性游戏有效性”为目标，根据新教师的阅读、学习习惯，用平实的语言，图文结合的形式为新教师细致地讲解如何从室内到室外、从幼儿园到社区，为幼儿创设有效的自主性游戏环境；如何从观察、解读幼儿到解放教师，为幼儿营造自主、自由的游戏氛围等方面探寻自主性游戏有效环境的价值和创设的策略。

本书用自主性游戏环境概述、自主性游戏环境空间规划、自主性游戏材料投放策略、自主性区域活动的组织与指导、自主性游戏活动观察与评价等五章内容，分享了作者及其团队多年的研究成果。

序

学前教育要发展，师资是关键。立足国家要求、社会及新教师发展的现实需求，2020 年 12 月，我们向四川省教育厅申报的课题“基于专业发展联盟的新教师内生力培育实践”被列为四川省教育科研资助金项目重点课题（课题编号：SCJG20A038）。在课题研究过程中，我们发现，当前新入职教师的培训存在着如下问题：幼儿园教师年轻化趋势明显，急需高质量培育；新教师入职后专业培育不足，教师缺乏内生力等。要解决这些问题，我们不仅要创新培训模式，提升培训的针对性和实效性，为新教师培训组织工作提供关键性的政策支持，还需要在培训目标与任务、培训内容与要求等方面做好细致的规划。

我们对标《幼儿园教师专业标准》，结合新教师现实工作中最需解决的问题，按照“实践取向”的要求，以当前幼儿教育备受关注的热点话题——自主性游戏为切入点，图文结合，采用操作性较强的方式，全面而清晰地对幼儿园自主性游戏的环境创设与活动、新教师保教一体化工作流程等做了精要的阐述，一步一步地指导教师掌握工作要领，轻松应对挑战，在学习和实践中，不断增长实践智慧，尽快适应工作岗位，走上专业发展之路。

本书融汇了我们的最新理论成果和实践经验，提供了十分丰富的操作案例作为借鉴，适合新教师培训选用，也可作为教师自主学习及园本教研的材料，对教师提高教学水平和专业素质具有实用价值。

在本书的写作过程中，宜宾市打金街幼儿园的梁玉桂、汪炜、韩晓丽、袁婷、林雪、王丹、欧冬梅、刘萍等教师提供了大量的工作案例。本书中也融合了很多幼儿教育专家的智慧和一线教师的成果经验，在此一并表示深深的谢意。

尽管我们很努力，想为读者提供幼儿园自主性游戏的环境创设与活动方面更多的指导，但受作者水平所限，书中仍难免存在不足之处，敬请各位读者批评指正。

2022 年 1 月

目　录

第一章

自主性游戏环境概述

第一节　自主性与自主性游戏

一、自主性的概念

“自主性”一词在很多研究领域都有出现，如在医学、心理、教育、政治、法律、计算机、数学等众多领域中被广泛运用和阐释。在计算机和数学领域，“自主”涉及的是无生命的事物，如机器人和数学公式等。在法律领域，“自主”是无关道德的，只要是一个心智健全的成年人在没有外在社会力量控制下实施了某种行为，通常就认定行为者是自主的。本书的“自主”概念不涉及以上领域，仅限定于幼儿园游戏中幼儿个体的自主。

《现代汉语词典》对自主的定义是“自己做主”，从心理学的角度来看，自主性是个性的一个方面，主要是指独立性和主动性，即不依赖他人、自己主动负责的个性特征。

本书中幼儿个体的自主性是指幼儿根据自己的兴趣、经验、认识能力、情感和个性特征等对活动作出自我选择和自我决定，表现在对内容、方式、方法、结果的自主选择和决定上，也表现在对外部环境的积极探索和对经验的主动建构上，具有独立性、主动性和创造性三个特征。

幼儿的自主性与成人的自主性表现是不同的。独立自主是儿童天性的一部分，幼儿期是一个人自主性发展的关键时期。幼儿的自主意识强烈，但自主能力尚且处于萌芽的阶段。幼儿的自主性发展是受控于周围成年人的，在幼儿园主要受控于班级教师，幼儿的自主能力是在各项自主活动中逐步提升的，且存在着很大的个体差异。

幼儿园混龄游戏中，小班的多多和大班的然然在区角玩游戏，多多拿起一张纸，随手撕成了很多碎片，边撕边自言自语地说：“哇，好多的雪花。”一旁的然然姐姐急忙说：“多多，别把纸到处丢，快捡起来。”说着抢过多多手里的纸举得高高的，想阻止他继续撕纸，多多立即跑过来抢然然手里的纸。然然看到多多快要抢到纸的时候又踮起脚把纸举得更高一些，多多也不甘示弱地想办法一定要抢到然然手里的纸。就这样，多多和然然玩起了“抢纸”的游戏，吸引旁边的小朋友也加入了“抢纸大战”。大班的哥哥姐姐们想办法把纸举得高高的，躲避小班的弟弟妹妹们抢到纸，而小班的弟弟妹妹们则想尽一切办法要抢到哥哥姐姐们手里的纸。教室里新一轮“抢纸大战”开始了，场面热闹非凡，老师顺势让孩子们到户外宽敞、安全的操场里继续玩。孩子们用纸折纸飞机，哥哥姐姐们主动教弟弟妹妹们折纸飞机，使出浑身解数来比谁的纸飞机飞得更高，谁的纸飞机飞得更远；一会儿又玩起了“揉纸团”“丢纸球”的游戏，大班的哥哥姐姐们自主分成两队，弟弟妹妹们也跟着自己喜欢的哥哥姐姐们站队，一队负责丢纸球，一队负责躲避纸球，被纸球打中的就停止游戏，然后再轮换游戏，孩子们玩得不亦乐乎；一会又玩起了“纸大炮”游戏，比比谁的大炮声音又响又亮，“啪、啪、啪”的“大炮声”伴随着孩子们的笑声不绝于耳……孩子们玩因一张纸片引发的自主游戏就玩了足足一个多小时，后来因快到放学时间了才不得不停止了游戏，大家都意犹未尽地说：“老师，我们明天还要玩纸的游戏。”大家都积极地讨论着纸还可以怎么玩，想着明天再继续玩纸。

在上面这个案例中体现了在儿童的自主性游戏中，游戏群体、游戏材料、游戏内容、游戏时间等都是由儿童自我选择和自我决定的。自主性游戏强调教师信任幼儿，放手让幼儿自主选择，自主地把握游戏内容和游戏进程。因此，儿童的自主性在游戏中得到了充分的展现，儿童的独立性、主动性和创造性都在自主性游戏中展现了其所能达到的最高水平。

与上述自主性游戏明显不同的是，很多幼儿园游戏都被不自觉、不同程度地打上了教师主导教育的烙印。

在娃娃家游戏中，老师观察到娃娃家中的“妈妈”一直抱着自己的“宝宝”，走来走去地哄“宝宝”睡觉，觉得幼儿的游戏情节过于单调，就以“邻居”的身份去娃娃家“串门”，对“妈妈”说：“宝宝怎么了？是不是生病了呀？”用手摸摸“宝宝”的额头，着急地对“妈妈”说：“呀，宝宝好像发烧了，赶紧带去医院找医生看看吧！”“妈妈”一听“宝宝”发烧了，急忙带着“宝宝”去“医院”找“医生”看病。“医生”问：“宝宝哪里不舒服呀？”“妈妈”说：“我家宝宝发烧了，你快给他打针吧！”于是，“妈妈”和“医生”开始忙着给“宝宝”“打针、吃药”。“妈妈”带“宝宝”回家后，老师又以“邻

居”的身份串门告诉“妈妈”生病的“宝宝”应该怎么照顾等，游戏中出现了很多老师的干预。

在上面这个案例中，娃娃家的环境创设，教师以邻居的身份介入幼儿的游戏都从不同程度上体现了教师的教育意图和希望达到的游戏目的。教育是一把“双刃剑”，既可能促进儿童自主性发展，也可能在无意识中抑制了儿童游戏的独立性、自主性和创造性。因此，幼儿园自主性游戏会因游戏环境的不同、成人指导和干预合理性的不同造成被促进或被抑制的不同结果。

二、自主性的重要性

社会各界都在呼吁，要培养能够适应现代社会的一代新人。新人究竟具备哪些素质才能适应现代社会的要求？在素质教育中，何种素质更为关键？北京教育科学研究院的副研究员冉乃彦认为：人的自主性素质，是现代人的基本特征，自主性素质的发展和培养，是素质教育的灵魂。自主性素质有三个特征：独立性、主动性和创造性，毫无疑问，这三个特征是现代人最重要的品质。自主性素质较高的人，具有很大的发展潜力，他们不是一个模子刻出来的标准物件，因此他们不仅能够更好地适应现代社会，也更能为社会的发展做出贡献，个人与社会的关系更和谐，个人也能在为社会服务的过程中充分发挥自己的潜能。

现代教育倡导“以儿童为本”的人性化教育理念，每一个幼儿都是独一无二的个体，新时代的幼儿园教育应该追求儿童终身可持续发展。从可持续发展的目标来看，独立性、主动性、创造性、自主性必然会成为一个人最重要的精神特质，并影响其一生的自我成长与自我完善。

世界经济全球化和科学技术的迅猛发展，正深刻地改变着我们的生产和生活方式。以人工智能为代表的第四次工业革命兴起之后，创新成为生产力发展的关键动力。[①] 自主游戏、自主学习、自主生活是幼儿教育的基本目标和内容，也是幼儿教育改革的基本方向。未来社会所需要的创新型人才必然是具有自主性、能动性和创造性的人。

---

① 王永固，许家奇，丁继红．教育 4.0 全球框架：未来学校教育与模式转变——世界经济论坛《未来学校：为第四次工业革命定义新的教育模式》之报告解读 [J]. 远程教育杂志，2020，38（3）:3-14.

一个人的自我建构会影响其人格的形成。在幼儿园教育中，教师要让幼儿逐步养成做事独立自主的好习惯，让独立自主成为其早期自我概念和人格的一部分，进而帮助其积极理解和应对学习生活中的任何事，形成独立、自主、勇敢、乐观、理性等良好的品质，具备强大的心理能量和理性高度。

致金幼梁老师的一封信

亲爱的梁老师：

孩子离开“金幼”三年有余，回想当初，从开始每天哭泣、拒绝去幼儿园、找妈妈，到离开时依依不舍，再到现在已经升至小学四年级。孩子三年的幼儿园生活，让我充满怀念和对老师的感谢。从幼儿园到小学，我见证了她的成长，现在她在班级里表现突出，积极发言、勤奋好学、乐观开朗、自信大方、乐于助人。并且是班干部和中队委，多次被评为校三好学生、优秀班干部、优秀少先队员、优秀少先队干部、书写能手、小小书法家等，多次担任班级介绍讲解员，担任“大召会”主持人、庆六一活动“高山族”讲解员，成了老师的好帮手、同学的好班长。

现在，果果独自一人去绵阳东辰国际第二小学上四年级，刚开始大家在都不熟悉的环境里，思念家乡和爸爸妈妈，甚至一部分同学会哭泣退缩，而果果则快速适应了新的环境，依然表现积极和突出，担任了班长和英语课代表，得到了老师和同学的肯定。更难得的是，我看到了果果超强的独立生活能力，我们从不帮助她解决生活问题，全是靠她自己独立完成，刚开始我们担心她不会洗澡、不会洗衣服、不会照顾自己……后来事实证明，她都完成得非常棒。我们发现不是她离不开我们，而是我们离不开她。

上述一切有果果自己的努力，有爸爸妈妈的帮助，更离不开果果三年的幼儿园生活。进入“金幼”的第一天，我们注定是幸运的，被分到了市级科研课题“创造自主性游戏有效环境的实践研究”实验研究班，认识了两位优秀的老师：梁老师和史老师。幼儿园的前期生活果果不是非常适应，两位老师亲切地关心和照顾着她，如同妈妈陪伴在她左右，带她做许多丰富的自主性游戏，包括班级区域游戏、小组游戏、户外自主游戏、亲子互动游戏、社会拓展游戏等。正是在这诸多的游戏中，我们看到了她的变化。早期，拿一本书给她，她总是三两下就翻阅完毕，对书籍没有一点兴趣，让我们有点担心。后期，在温馨舒适的阅读环境里，老师们用图文并茂的方式呈现“好书推荐”激发宝贝们阅读的兴趣，以简单清晰的规则标识引导宝贝们有规则地自主阅读等。果果学会了阅读绘本，后来她要求我每晚给她讲故事，再后来她自己拿着绘本津津有味地读。现在她爱好阅读，涉猎广泛，各类书籍都爱不释手。后期，在与教师共同创设的游戏环境中，果果根据自己的兴趣和需要，以快乐和满足为目的，自由选择、自主展开、自发交流，自身的兴趣需要得到满足，天性得到自由表现。果果有了一定的创造性，我们一起自制绘本。从开始我们和她一起完成一页，到后来她能独自思考完成。游戏满足了果果的兴趣，也促进了果果的创造性发展。

三年级暑假，果果报名去学游泳，刚进队，我们在游泳室玻璃窗外观察，她是队里倒数第一名。第一天下来我问她感受如何，她说他们都好棒，游得比自己好，接下来她又马上补充一句："我是队里最后的一名，我要通过努力追上哥哥姐姐们。"我当时以为她只是一时兴起。晚上睡前，我看她在床上练习换气、游泳的姿势，反复琢磨和思考着老师教的动作，果然，10 天的训练结束，果果在队里名列前茅，还得到蒋教练的表扬。我想果果的独立思考和坚持学习的毅力，也是受益于在幼儿园三年里的开放性、自主性、创造性游戏。

十年树木，百年树人，树有多高，不在于树干的粗壮，而在于树根能够汲取营养，一个人能够走多远，不在于他有多强壮，而在于从小接受的培养，好老师会让学生受益终身。金幼给了梁老师、史老师机会，让您们有机会展示自己的才能，是两位老师让果果的成长一开始就优于他人，您们是她人生启蒙的好老师。借用教育家陈鹤琴先生的一句话：怎样的环境刺激，得到怎样的印象。良好的学前教育，能够充分发挥环境对娃娃的潜在影响作用。自主性游戏在学前教育的开展，能够影响娃娃学习品质能力的发展。

感谢打金街幼儿园，尤其感谢梁老师，您就是那一股清泉，给予果果茁壮成长的营养。希望她能够继续生活独立、学习自主，敢于挑战、勇于创新、勇往直前，绽放出最独特的生命之花。

果果妈妈

2020 年 12 月 24 日晚于宜宾家中

自主性是一个人的品格特征，是个体对他们的信念、态度和价值的自主判断与选择，自主性对个体能否自信、独创性地完成生命的自身功能，并自控、自律、有责任心地去执行和完成自己的选择具有重要意义。

自主性是重要的学习品质，影响着幼儿终身学习和发展。《3—6岁儿童学习与发展指南》在“说明”部分专门谈到学习品质：重视幼儿的学习品质，幼儿在活动过程中表现出的积极态度和良好行为倾向是终身学习和发展所必须的宝贵品质。要充分尊重和保护幼儿的好奇心和学习兴趣，帮助幼儿逐步养成积极主动、认真专注、不怕困难、敢于探究和尝试、乐于想象和创造等良好学习品质。

在上面这个案例中，果果从初入幼儿园的不适应，如胆小、内向，不会阅读，对成人的依赖性强等，到如今的勤奋好学、乐观开朗、自信大方，少不了家长的陪伴、老师的引导，更主要的是，在她生命的成长历程中，其自主性得到了充分的发展与体现。我们要尊重幼儿发展的特点和需要，重视生命启蒙教育，善待生命的自主性，让幼儿在自主性游戏、自主学习和自主生活中，在独立自主的体验和经历中增强自我成长的力量。

作为一种教育价值取向的更高追求和教育目标的重新选择，自主性学习在当代竞争日趋激烈的生存背景下已日益凸显出它的重要性、必要性和迫切性。现代社会是一个开放的社会，它为人的发展和价值的实现提供了前所未有的可能，同时，现代社会也是一个充满竞争、不断变革的社会，每个人都时时面临着不同的选择和压力。在这样的社会环境中，只有具备较高的自主性素质，才能更好地把握人生的机遇，实现人生的价值。在教育过程中，幼儿是一个鲜活的个体，他们在接受知识的同时，也在进行着适合自己的“加工处理”，并深化为自身成长的需要。培养幼儿的自主性，使幼儿成长为一个有主见、有创意，能独立做事和不断尝试挑战以解决问题的人，这也是时代赋予幼儿园教师的使命。

三、自主与自由

人人都渴望自由，对于自由的追求属于人类的本能。自由在中国古文里的意思是“由于自己”，即“不由于外力”，是自己做主的意思，但现代社会所指的自由更强调不受他人支配和干涉的权利。

自由是政治、哲学的核心概念，也是一个社会概念。法国大革命的纲领性文件《人权和公民权宣言》（简称《人权宣言》）第四条对自由的定义为：“自由即有权做一切无害于他人的任何事情。”这里主要是从法律层面上解释自由。从心理学和教育学层面上讲，自由就是人按照自己的意愿做事，不受他人的强制干预。

党的十八大明确提出，倡导富强、民主、文明、和谐，倡导自由、平等、公正、法治，倡导爱国、敬业、诚信、友善，积极培育和践行社会主义核心价值观。富强、民主、文明、和谐是国家层面的价值目标，自由、平等、公正、法治是社会层面的价值取向，爱国，敬业、诚信、友善是公民个人层面的价值准则，这 24 个字是社会主义核心价值观的基本内容。

“自由”是生命活动的根本目的，也是人类社会共同的价值追求。人类社会几千年的发展历史，不论是生存环境的改善，还是社会制度的完善，都是出于对自由、幸福的渴望与追求。

自由观念是关于主体的，是对主体自身的反思和要求，也就是说，自由观念的产生和发展以主体的自我意识为前提。但是，从人类意识进化史看，首先产生的并不是主体观念，而是不自觉地意识到制约人的行为的客观存在及其规律，或者客观必然性。

儿童必须拥有自由意志，因为自由是获得幸福感的基石。对儿童而言，“自由意志”意味着在和另一个人相处的时候，生命的能量不被控制、不受限制。自由还意味着儿童能够选择用他的方式学习和游戏。①

（一）儿童有游戏的自由

班里有一块区域是小椅子的“家”，孩子们午餐后、离园前都要把小椅子送回“家”，但是总有小朋友忘记这个“家”，把小椅子随处乱放。后来，我和孩子们玩了一个游戏：请他们把自己的小椅子搬到教室里他们喜欢的一个位置上，最好是不影响他人走路的地方。孩子们特别兴奋，抱着小椅子开始寻找，有的人把小椅子放在了娃娃家旁边，有的人把小椅子放在老师的大椅子旁边，有的人把小椅子搬到休息区窗台下面……每个孩子都找到了自己喜欢的位子，让我欣喜的是他们听懂了我的要求，小椅子都放在了不影响大家走路的地方。孩子们兴奋的表情也让我的心里幸福满满，我觉得自己成为了一个懂他们的大朋友，而不是一个只有要求的老师。——中二班兰兰老师

（二）儿童有活动的自由

卫生间的洗手池是乐乐最爱的地方，乐乐每次洗手都会用很长时间。几次

① 胡华 . 给童年“留白”让孩子活在自然的幼儿园 [M]. 南宁：接力出版社，2017.

观察之后我发现，原来乐乐是被洗手池里的下水孔吸引了。洗手池一共有三个下水孔，乐乐会在每一个下水孔的位置打一遍肥皂泡泡、洗一遍手，还会自言自语说道："我一个人的时候水流得好快啊，泡泡在洞洞里流得好慢，还得我用手来把它们弄走。"我问："好玩吗？"乐乐高兴地点了点头："好玩。幼儿园的水池里有这么多洞，我们家洗手池才一个洞。"允许孩子活动的自由，意味着成人不干扰、不评判，只是静静地观察。——小三班翠翠老师

（三）儿童有"拒绝"的自由

和孩子们玩情绪疏泄游戏"下报纸雨"时，丫丫不想撕报纸，她喜欢报纸上的图画，不想撕。我尊重她的想法。过了一会儿，当其他小朋友用碎报纸"下雨"的时候，丫丫却用自己的报纸当作"雨伞"，招呼伙伴们来她的"伞"下躲"雨"。从丫丫灿烂的笑脸上可以感受到，她在用自己的方式享受游戏的快乐。在那一刻，我能感受到，当我们能够体察到孩子内在的想法时，每一个心灵都是那么美好。——中四班婷婷老师

（四）儿童有畅想的自由

每一次户外自主活动前，我都会和孩子们聊：你们想要去哪里玩？孩子们会说"想去玩大滑梯""想去玩沙水池"……如果两个呼声都很高，他们会主动地想出解决办法："石头、剪刀、布"，或举手少数服从多数。如果我们去的时候有其他班级在那儿玩了，再问孩子们："想去哪里玩？"他们会主动环顾四周，说出一个还没有人去玩的地方。给予孩子选择的自由是一种放手。相信孩子，相信他们面对问题时会有自己的判断和解决方法，这样的自由才是真正有意义的。——大一班萍萍老师

（五）儿童有互动的自由

允许孩子们按自己的想法与同伴玩耍。他们会把在成人世界里习得的关系迁移到游戏中来，有的人当"医生"，有的人当"病人"，有的人当"警察"，有的人当"妈妈"照顾"宝宝"，有的人当"服务员"为他人服务，孩子们都有自己的选择与游戏互动。——大二班璐璐老师

（六）儿童有创造的自由

秦慕白在树丛里发现一个小球，像捡到宝藏一样到处"炫耀"，一时间小朋友都围过来争着要夺这个小球玩，秦慕白躲闪着，可仍然被小朋友们"围

攻”。秦慕白灵机一动想了个好办法：“老师说了，玩具要轮流玩。”这个建议让争抢的小朋友暂时安静下来。可是到最后，轮流玩变成了轮流“拿一下”，大家都玩得不尽兴。金泰希出主意：“每个人玩 5 个数！”没一会大家又发现，他们光顾着拿着小球数数了，还是没有玩。最后，文玉卓说：“我有一个好主意，我们每个人轮流把小球从七彩跑道起点这边滚到终点那里吧！”这个好办法一下子让小朋友兴奋起来，他们觉得这个游戏太好玩了，所以一个小球被每个小朋友从跑道的这边滚到另一边，其他小朋友在一旁加油鼓劲儿。一个自发的游戏就这样有秩序、有规则地开展起来了。——大一班秋秋老师

对孩子而言，所谓自由，就是行动的自由，思想的自由，精神的自由，灵性的自由。满足儿童对自由的渴望，让他们能真实地做自己，是我们成人为孩子做的最好的事情。

自主活动实质上都是个性化的，也只有个性化的自主活动才是真正的自由。因此人之成为人，决不会满足于以生存为目的的自主活动，尽管这种活动也不乏某些个性化特征。于是，自由就包含了对眼前的、现存的东西进行否定，它意味着支配人的行为的不是当下的事实，而是追求本该是另一个样子的状态。只有在对现存“事实”的否定和对“应然”状态的追求过程中，才真正表现了人的活动既是自主的又是个性化的。

以客体为根据的自由必须坚持真理原则，才能使这种生活过程成为自主活动。对此，恩格斯有非常深刻的理解，“自由不在于幻想中摆脱自然规律而独立，而在于认识这些规律，从而能够有计划地使自然规律为一定的目的服务。自由是在于根据对自然界的必然性的认识来支配我们自己和外部自然界，因此它必然是历史发展的产物”①。

我们所说的在人类的自主活动中，真理是以客体为根据的自由的原则，价值是以主体为根据的自由的原则，只是在相对意义上而言的。

自由问题的解决所应立足的基础只能是人类生活本身，否则就将被导向神秘主义的泥坑。确实，没有创造就没有自由，当我们说自己是自由的，就意味着我们在实际生活中可以根据自己的能力和需要进行创造，甚至创造一种生活方式。在这个意义上，自由主义者从人类的生存价值角度为自由进行辩护确实

① 中共中央马克斯恩格斯列宁斯大林著作编译局. 马克斯恩格斯选集第 3 卷 [M]. 北京：人民出版社，1955.

是非常有力的，因为自由所带来的知识和技术，甚至一种生活理想的创新都可能对人类的生存状态作出不同程度的改进。这已经被历史所证实，并且还将被现实不断地证实。

自主指自己主动，不受别人支配。在巴金的《灭亡》中有如下表述：“他纵然明知道这种恨、这种悲，是没有好处的，但他自己是不能自主了。”在心理学中，自主就是遇事有主见，能对自己的行为负责。自由是指由自己作主，不受限制和拘束。

自由是一个相对的、有边界的概念，自由不等于自主，但自由和自主是相辅相成的，自由是自主的基础和权利保障，自主能力的提升又会让幼儿拥有更多的自由。

幼儿的自主游戏不代表教师可以不作为，任其发展。教师不作为只能造成幼儿一直处于一种低水平的游戏状态，而这种状态对幼儿发展价值不大。自主性不等于自由放任，而是良好教育影响的结果，它是建立在一定的自律基础上的。幼儿能否自主地进行游戏活动在很大程度上是被游戏环境所影响的，自主性游戏活动开展的前提是必须创设有效的自主性游戏环境。

儿童在自主性游戏中会看到自己生命的力量，也开始尝试主动地超越自己。儿童作为主动的生命体，他们在和外界环境相互作用时，会产生各种想法。于是，他们试着发起一个计划，并执行这个计划，最后让这个计划大获成功。在这个过程中，他们需要学习严谨、果敢、坚持、合作等积极品质，并将自己的智力运用到最大化。从中，儿童会渐渐看到自己生命的力量，也会开始尝试主动地超越自己。他们开始了解自己、解释自己、发现自己，站在更高的地方俯视自己、调整自己。这种能力一旦建立，他们就会成为积极的学习者、生活者，为一生的发展奠定坚实的基础。①

四、幼儿的自主性游戏

幼儿的自主性游戏是指儿童在与教师共同创设的游戏环境中根据自己的兴趣和需要，以快乐和满足为目的，自由选择、自主展开、自发交流的活动过程。这一过程也是幼儿兴趣需要得到满足，天性得到自由表现，积极性、主动

① 胡华．给童年“留白”让孩子活在自然的幼儿园［M］．南宁：接力出版社，2017.

性、创造性充分发挥和人格建构的过程。

一般来讲，自主性游戏是幼儿按照自己的兴趣和意愿发起的游戏，由幼儿自选游戏材料和游戏伙伴，自己控制游戏进程和结果。但是，客观观察和分析幼儿的自主性游戏就会发现，幼儿绝对的自主是很少的。

教师的指导和幼儿的自主必然是一对矛盾体，是“你进我退”的关系。在幼儿自主选择的游戏中，教师会随时关注幼儿，捕捉幼儿的兴趣点，灵活地调整自己的行为，进退适宜，而不是主导安排幼儿参与到自己设定好的游戏里，这样的游戏是教师与幼儿的合作游戏。如果教师发起游戏后就后退为观察者的角色，那么这个游戏就是幼儿的自主性游戏。

（一）幼儿园自主性游戏的特征

幼儿有思想、个性展现、道德判断、人际关系等方面的自主需求，游戏是幼儿的基本活动方式，自主性游戏更是幼儿最喜欢的游戏方式，也是幼儿生活的重要组成部分。联合国《儿童权利公约》在第三十一条中明确承认，游戏是儿童的权利。洛克和卢梭都认为游戏是儿童的必需品。

幼儿园自主性游戏是幼儿自主性的一个下位概念。因为游戏是幼儿在幼儿园学习与发展的基本活动，所以是“幼儿学习自主性”的一个下位概念。柴军应曾从身份性和情境性、独立性和关联性、系统性和程度性、稳定性和发展性等四个维度具体分析了学生学习自主性的特征。幼儿的自主性游戏虽属于学生学习自主性的展现，但儿童作为具体的“学生”，所从事的“幼儿园游戏”又是一种具体的“学习类型”。

身份性和情境性。幼儿园游戏的自主性会因为儿童身份、情境等的不同而有所变化，一般情况下，儿童对游戏情境越熟悉，其自主性程度越高；儿童对游戏情境越陌生，其自主性程度越低。

独立性和关联性。幼儿园游戏自主性的个别化意义与关系性存在。儿童个别化程度越高，越不受教师、同伴等的影响或制约，其独立性就表现得越充分。当儿童能自主地选择游戏内容、游戏材料、游戏玩法与规则，并不违背教育目的的时候，幼儿自主性游戏的独立意义便得到了基本实现。在关注儿童独立性的同时，也要注意幼儿自主性游戏的独立性是相对的，是一种关系性存在。游戏必然具有一定的计划性、目的性，并且是在教师指导与创设的情境中进行的，儿童的自主性尚处于不完善与发展之中，需要教师的引导。在幼儿园自主性游戏中，教师的自主性作用于儿童时就成为儿童的他主性。这就决定了合理的幼儿园游戏的自主性必然关联到他主性[①]，其中教师对儿童的他主性，尤为重要与关键。

系统性和程度性。幼儿园游戏自主性的发展逻辑。推动幼儿园游戏自主性的发展要把握好情意自主性、行为自主性、认知自主性这三者的有机结合。儿童的年龄、儿童对游戏情境的熟悉程度、游戏环境的创设是否有效、他主性是否合理等都会影响幼儿游戏的自主性发展。

稳定性和发展性。幼儿园游戏自主性的隐性和显性特征。幼儿园游戏自主性的发展并不是完全随着儿童年龄的增长而“自然生长”的。教育在幼儿园游戏自主性发展过程中是一把“双刃剑”。科学合理的教育会促进幼儿自主性的发展，不当的教育则会阻碍其自主性的发展。

（二）自主性游戏对幼儿的价值

任何人的核心素质和品质都是以自主性的方式呈现出来的，培养的未来接班人应是具有自主性的，而幼儿的自主性需要通过游戏来体现。

教育家卡连柯曾说过：“培养未来活动家，从游戏开始。”对儿童而言，游戏是真实生活与想象世界的统一，是“第二生命”。游戏因为对幼儿的作用而变得丰富多彩，幼儿更因为有了游戏而显得更加灵动与聪慧。《3—6岁儿童学习与发展指南》提出：“珍视游戏和生活的独特价值。”自主的游戏空间不仅能给幼儿自由探索的机会，也能充分发展幼儿的创造性和个性。美国儿科学会在《游戏在促进儿童健康发展和强化亲子关系中的重要性》中指出，自主游戏对儿童的大脑发育、认知、情感、社会性方面的发展至关重要，如能培养其创造能力、领导能力、社交技能、压力管理、自立与自律等。如果幼儿的游戏被成人控制，他们就会按照成人制定的规则、成人认定的价值去行动，从而失去了在自主性游戏中获得的益处。

“游戏性是一种精神态度，游戏是这种态度的外部表现。对于儿童而言，游戏仅仅是好玩，儿童本能地需要它，天然地从中得到无穷的愉悦和满足。自主性游戏在蕴含主体性价值的同时也蕴藏着发展性价值。幼儿在自主性游戏中，在自由地、重复地变换游戏动作姿势中使自身的基本动作更加地协调和灵敏；在自身对环境的影响、创设和探究中得到对周围事物的认知；在自主地模

① 柴军应．学生学习自主性发展研究[D]. 上海：华东师范大学，2016.

仿自己喜欢的人和事物、模拟成人社会人际关系中获得社会交往、自我实现、相互认可的尝试和理解，等等。幼儿在自主性游戏中获得了身体、认知、社交等不同方面的发展，这就是自主性游戏的发展性价值。

（三）幼儿在自主性游戏中主动建构自我概念

幼儿会在自主性游戏中探索自己感兴趣的领域，了解自己喜欢什么，不喜欢什么；也会在自主性的游戏中积极去探索自我的界限，在不断尝试中知道自己跑得有多快、能提多重的东西、能爬到多高等；还会探索如何在不伤害自己身体健康的情况下大胆地去挑战与冒险。

户外体能自主性游戏中，孩子们对新投入的轮胎特别感兴趣，纷纷开始尝试轮胎的不同玩法，刚开始只是单纯地以推轮胎、滚轮胎的方式来玩，渐渐地几个大胆的孩子开始趴到轮胎上面，尝试着“划船”的游戏，吸引了更多的孩子一起加入“划船”队伍。孩子们开始筹划“划船”比赛，确定每组的参赛人数、比赛规则、谁来当裁判等。“划船”比赛后，孩子们又发现了新的玩法，跳格子、用绳子拉着轮胎跑、把轮胎堆起来当碉堡玩炸弹，等等。孩子们在一种玩法熟练后，会更有信心地去尝试更难的玩法来挑战自我。

2003 年冰岛的《国家学前教育课程指南》指出，自主性游戏是幼儿的一种表达方式和快乐源泉。通过自主性游戏，幼儿可以体验到自主与自我发现的快乐，他们也会测试自己的胆量，体验到成就感，建立自信与自尊。

1.幼儿在自主性游戏中健康地发展情感

自主性游戏有利于幼儿的情绪健康发展，幼儿在自主性游戏中可以自由地表达情绪，即使在犯错后也不会感到太大的压力与挫折。幼儿在游戏中遇到困难时会焦虑、沮丧，和同伴发生矛盾时会生气、愤怒，解决问题后会开心、满足，等等。幼儿会在游戏中逐渐学会控制和调节自己的不同情绪，从而使自身情感得到健康的发展。

2.幼儿在自主性游戏中有效地提升认知能力

幼儿可以通过游戏来扮演不同的社会角色，学会分享、同情、协助等社会交往技能。这些社会交往技能会帮助他们在与同伴互动中学会合作、沟通、遵守规则、解决冲突等。如在大班主题活动“快乐工作达人”中以孩子们的职业梦想为主题，在美食坊“甜心 baby”里，幼儿自由地选择顾客、甜品师、服务员的角色，结合生活经验进行自主性角色游戏。在宽松、自由的游戏环境里，孩子们体验从事各种职业的乐趣，获得正确的工作态度和团队精神的初步概念。在角色扮演中，幼儿能从他人的视角来看待事物，从而满足想象创造和同伴交往的需要，也提升和扩展各种直接与间接经验，提高认知能力。

3. 幼儿在自主性游戏中持续发展社会性

幼儿在自主性游戏中通过“激发交往意愿—转变交往行为—养成交往习惯”，掌握了基本的交往知识和方法，主动与人友好交往的意识逐渐增强，分享、合作、谦让、助人、关心、同情等亲社会行为也逐渐往高水平指标发展，习得了有益的交往行为方式和交往技能。

（四）幼儿园自主性游戏的困境

虞永平指出：“环境是幼儿园课程的根基，环境的状态会影响幼儿学习的状态。”3～6岁的幼儿由于形象思维占优势，喜欢在摆弄物体的过程中认识事物，也能够借由形象物展开想象，他们不具备成人对环境具有的那种选择、适应、改造等能力，对环境具有广泛的接受性和依赖性，他们的游戏行为与游戏环境的创设有很大的关联。

我国香港教育学院幼儿教育学系的郑佩华指出，我国香港幼稚园是学术型的，其日常活动多为“假游戏”，目的是令幼儿吸收学术知识，这无助于提升幼儿的自主能力。幼儿园的游戏大多是以集体导向为目的的集体游戏，幼儿在园的大部分时间都是在参与集体活动，且许多事都由教师来决定，不具备自主活动的权利，往往处于被动游戏的状态。在这种教师主导的强控制游戏环境中，幼儿没有游戏的自主选择、自主决定权，其游戏自主便无从谈起。

通过调查研究与统计分析，当前，幼儿园自主性游戏的困境如下。

1. 教师环境创设水平不高影响了幼儿自主性游戏的开展

区域划分不够科学，材料投放比较单一，幼儿参与性低，教师支持不足等问题凸显，不能有效地推动幼儿自主性游戏的积极开展，达不到幼儿深度学习和发展的效果。创设的游戏环境多以教师意志为主导，不足以激发幼儿自主参与游戏的愿望，或游戏材料的投放不足以满足幼儿游戏过程中的需要，未能体现出环境对于幼儿自主性游戏的有效支持。

2. 教师热衷于开展自主性游戏，但并不清楚自主与自由的区别

幼儿的自主游戏不代表教师可以不作为、任其发展。这种不作为只能造成

幼儿一直处于一种低水平游戏状态，而这种状态对幼儿发展价值不大。自主性不等于自由放任，而应是良好教育影响的结果，它是建立在一定的自律基础上的，而幼儿能否自主地进行游戏活动在很大程度上是被游戏环境所影响的，自主性游戏活动开展的前提是必须努力创设好有效的游戏环境。

3. 教师在自主性游戏环境创设和利用方面存在认识性偏差

随着学前教育的大力发展，越来越多的新教师加入幼儿园教师队伍，幼儿园教师年轻化趋势更加明显，这些教师虽然习得了“幼儿为中心”的教育观念，但在培养幼儿自主性的过程中，显现出观念与行为上的矛盾，教师主导与幼儿自主发生对立，在这种教育中，“服从高于自主，听话高于思想，接受高于创造，一致高于独立”①。这是不尊重幼儿个体自主的。

教师将环境创设的概念和内涵窄化，将环境创设等同于班级环境创设，将班级环境创设等同于墙面布置。环境创设的功能单一化，更看重环境创设的美感，以装饰功能为主。环境创设的主体窄化，环境创设物质材料来源单一，筛选有用的材料存在困难，制作和投放适宜的玩具、教具材料存在困难。

4. 幼儿在自主性游戏中不知道怎么玩，玩法单一，缺乏想象力和创造力

现在的孩子受到社会的信息化和科技化发展的影响，从小就玩机器玩具，玩手机等电子产品，再加上大多由祖辈照顾从而养成的骄纵、自我的性格，在游戏中喜欢独自玩耍，或是希望教师给他寻找伙伴，缺乏与同伴合作游戏的技能。在家庭中，幼儿的自主性在发展中出现了“小皇帝”“小奴隶”及两种症状综合的畸变现象②：“小皇帝”的意志极端武断，通过哭闹、撒娇、发号施令，一味地满足私欲，而未完成“内部筑人”的过程，不能主要依靠自己，正确地认识人、事物，做出判断、采取行动、评估并调整自我；“小奴隶”的意志极端被奴役，他们被管得太死、太细，不被允许独立做事，其独立意识、自主能力、创造能力大大弱化。

---

① 金生鈜. 论个人自由在教化中的地位 [J]. 教育理论与实践，2022（11）:4.

② 张诗亚.“小皇帝”与“小奴隶”：析中国儿童自主性发展与畸变 [M]. 成都：四川少年儿童出版社，1996.

第二节　自主性游戏环境及创设原则

一、自主性游戏环境的概念

幼儿的自主性培养和发展非常重要。幼儿的自主性是在自主性游戏中逐渐建构和发展的。游戏是幼儿的基本活动方式，环境的状态会影响幼儿游戏的状态，环境是游戏的支撑和保障，自主性游戏要有效地开展，就需要创设有效的游戏环境。

《幼儿园教育指导纲要（试行）》明确提出：“环境是重要的教育资源，应通过环境的创设和利用，有效促进幼儿的发展。”这里的环境是广义的环境，是幼儿园教育得以进行的一切条件的综合，它包括人与物、园内环境与园外环境。

我们理解的幼儿园环境既包括物质环境的创设，也包括精神环境的和谐；既包括空间的布置、区角的创设，也包括氛围的营造；既包括主题课程的设置，也包括教师在幼儿与环境互动中的支持性策略。

自主性游戏环境是指教师根据儿童身心发展规律需求和幼儿园教育的要求，通过树立正确的儿童观和游戏观，为儿童提供能够进行操作、改造、调节，并能为儿童构建有益的经验体系，激发儿童好奇心和学习兴趣，支持儿童发展的游戏环境。

教师要将遵循生活化、留白化、专属化原则创设的班级自主性游戏环境，与幼儿园大环境，园外家庭、社区、自然环境进行有效整合。幼儿乐于与环境交互，并在顺应、交流的过程中，逐步建构起关于外部世界的认知，从而使自己的认知结构得到发展。这样的环境为有效环境。有效的环境一定能满足儿童的需求，能支持并促进儿童自主性、社会性的发展。

二、自主性游戏环境的价值

《幼儿园教育指导纲要（试行）》提出："幼儿园应为幼儿提供健康、丰富的生活与活动环境，满足他们多方面发展的需求，使他们在快乐的童年生活中获得有益于身心发展的经验。"这既是对幼儿园愿景建设提出的要求，也是环境创设的价值表达。

环境作为一种无声的"隐形课程"，会直接影响幼儿的游戏方式和行为反应，促进幼儿的学习与发展。皮亚杰认为，儿童的发展，既不是直接生理成熟的结果，也不是直接学习的结果，而是个体和环境相互作用从而使认知结构不断发生质变的过程。同时他还要求"环境的创设应该着眼于丰富幼儿的知识和经验，发展和提高幼儿的能力，激发幼儿的好奇心和求知欲望"。意大利教育家蒙台梭利认为，环境就像是人类的头部，影响着孩子的全面发展。必须注意为儿童期设置一个适当的世界和一个适宜、丰富、具有教育价值体现的幼儿园游戏环境，这是一个绝对迫切的需要。

（一）环境满足幼儿游戏的需求和生活的需求

游戏是幼儿的基本活动，幼儿园自主性游戏环境具有游戏性、趣味性、探索性等特点。为幼儿提供大量的游戏时间、丰富的游戏材料和适宜的游戏空间，支持幼儿根据自己的兴趣和需要自发、自由、自主地开展自主性游戏，能够促进幼儿快乐游戏与健康成长。

幼儿园是一个温馨的大家庭，创设安全、舒适、整洁的自主性游戏环境，如温馨舒适的娃娃家和阅读区，充满挑战的建构区，极具创造性的表演区，等等，能够为幼儿营造如家一般的游戏、生活环境，让幼儿萌生对幼儿园如家一般的归属感，从而获得安全感和幸福感。

（二）环境彰显幼儿园隐性的课程和显性的文化

幼儿园环境的创设彰显了园所的文化和课程。一所幼儿园的环境，从外在看传递着幼儿园的园本文化，园所的建筑风格，装修的整体色调，一面墙、一幅画、一件装饰都传递着幼儿园的教育理念和顶层设计；内在的意蕴则传递着幼儿园的课程观，展现着园本课程的育人功能。

宜宾市打金街幼儿园一直秉承依托科研资源，彰显生命教育特色，持续关注生命底色，提升生命质量，彰显生命品质。幼儿园的大环境创设就处处彰显着“生命启蒙”的园本特色与教育理念。幼儿园用生命绿作为园区的主色调，在楼道墙面充分展示幼儿园特色园本课程“快乐宝贝成长记”的各个主题内容，让孩子们在耳濡目染中获得生命教育的启迪。幼儿园创设了宜宾市首家“智慧生活体验馆”，为孩子们创设了“魔法厨房”“康康医院”“嘟嘟警察局”“娃娃家”“钱多多超市”“啦啦美发屋”“快乐木工房”等，让孩子们在这里尽情体验生活中不同的角色，如厨师、医生、警察、服务员、美发师等。安全、丰富的游戏材料，宽松、自由的游戏环境，自主、愉悦的角色游戏，让孩子们获得正确的工作态度和团队精神的初步概念，为成为未来的工作达人做好准备。

幼儿园环境传递着园所的文化内涵。幼儿园环境承载并传递着园所文化，能够让抽象的办园理念、文化传承等精神内涵得以真实呈现、切实可感，实现了园所文化由内而外、由虚到实的转化。在游戏环境中，各种文化因素的交融会潜移默化地影响人的身心发展，使置身其中的幼儿、教师、家长等主体在长期耳濡目染中形成一致的价值追求和文化诉求，从而影响其行为态度、能力品质等。

幼儿园环境是活动课程开展的助推器。瑞吉欧认为，环境是会说话的第三位老师，幼儿园是一个可以支持社会互动、探索与学习的容器。幼儿园环境的意义不仅在于审美的需要，或是幼儿乐此不疲的玩耍需要，更是幼儿园教育的重要组成部分，是幼儿园课程设计与实施的重要要素之一。幼儿园课程与环境是紧密连接在一起的，课程与环境的深度融合才能获得相得益彰的教学效果，才能促进幼儿在与环境的交互作用中获得深度发展。

幼儿园环境还是课程生成的助推器。有效的环境支持保障着课程顺利而有质量地开展；环境同时也记录了课程的开展过程，主题区域环境的适时更新有助于幼儿回顾和整理课程、游戏经验，激发幼儿进一步探究的欲望，为活动的有效延伸奠定经验基础；环境中的操作材料为幼儿提供了实践操作的机会，满足幼儿自主探究、学习的需求，有效的材料能够帮助幼儿解决游戏活动中的困惑和问题，助推幼儿自主探究和学习成长；环境的呈现也是课程活动开展的有效检测器，它能够帮助教师及时地反思课程的实施过程和实施质量，为接下来完善课程和丰富经验提供有价值的直观依据。

（三）环境支持和推动幼儿全面发展

游戏环境蕴含了各种学习与教育的契机。为幼儿提供适宜的游戏环境，能引发他们积极参与到促进自我发展的各类活动中，如计划、讨论、建构、表达、想象、创造、合作和解决问题，从而促进幼儿的身体、认知、社会性和情绪情感的全面发展。

幼儿是幼儿园环境的主人，幼儿园环境的创设始终服务于幼儿的发展。成人可以按照预设的教育目标建构和创设环境，利用环境引发幼儿与之互动并产生深度学习，从而达成通过环境影响和塑造幼儿的目的。幼儿园环境的教育价值应渗透于环境的“外在美”和“内在美”中，并兼顾“外在美”和“内在美”，使环境既有外在的美化、装饰功能，又具有内在的涵情启智、调节身心、交流互动的功能，从而促进幼儿的自主发展。

适宜的游戏环境，摆放有序、便于取放的游戏材料，能为幼儿提供自主选择和自由支配的空间，更好地吸引幼儿参与其中，更加专注地投入游戏。在这样的游戏环境中，幼儿的游戏既自由、自主，又灵活、有序。

三、自主性游戏环境的特征

（一）贴近幼儿的生活实际

自主性游戏环境要生活化。陶行知先生倡导“生活即教育”，强调教育要以生活为中心，生活决定教育，教育又改造生活。幼儿的一日生活环境本身就蕴含了丰富的教育机会，有它独特的教育意义和价值。

自主性游戏环境的内容和材料要贴近幼儿的生活。创设的自主性游戏环境更要便于幼儿一日生活的开展，让幼儿在游戏中学会生活中必要的基本技能，养成良好的生活习惯。贴近幼儿生活实际的游戏环境更具有趣味性，能吸引幼儿主动愉悦地游戏，在游戏中渗透生活中喜欢的角色形象、语言表达、活动方式等，让幼儿在感受游戏乐趣的同时也能丰富其生活经验，为未来的社会生活奠定基础。

（二）满足幼儿的个性需要

每个幼儿都是独一无二的，性格与气质类型也各不相同，不同年龄段的幼儿身心发展存在着一定的差异。自主性游戏环境作为幼儿发展和课程开展的重要支持与保障，一定要满足幼儿的个性化发展需要，支持班级幼儿多样化的学习方式和游戏需求，给幼儿的自主性游戏提供无限可能。这就要求自主性游戏环境的层次性要突出，既要满足不同幼儿的个性需要，又要关注不同年龄段幼儿身心发展的特点，通过创设不同层次的环境，提供不同层次的游戏材料来达到教育的目的。在创设游戏环境时，要尽可能地根据幼儿身心发展需要提供多种类型的游戏场地及游戏设施、设备，如在同一个游戏区域中提供不同难度、不同特点的材料，既有低结构的材料，又有高结构的材料，便于幼儿根据自身水平选择不同难度的材料来进行自主游戏。

（三）激发幼儿主动探索

探索活动是幼儿最基本的学习方式之一。幼儿通过探索活动认识自然与社会，发现未知的世界，不断完善自己的认知结构。自主性游戏环境应具备探索性，满足幼儿的好奇心和探索欲望，促使幼儿在游戏环境中主动发现问题、提出问题、解决问题，在这个过程中不断引发幼儿的认知冲突，从而完善幼儿的认知结构。

宜宾市打金街幼儿园操场上有几颗黄桷树。春天，嫩绿的小芽带来蓬勃的生机；夏天，茂密的绿叶带来丝丝凉爽；秋天，浓烈的花香沁人心脾；冬天，飘洒的落叶翩翩起舞。教师带领幼儿从春天到冬天，去观察大树的嫩芽，捡落叶，玩转树叶，观察枝干和年轮等，引发幼儿在主动探索中去探讨和发现大树生长的秘密。

在自主性游戏的区角环境创设中，可变化的操作性环境能促使幼儿更加自如地运用多种游戏材料。自主地对游戏环境进行大胆的布置，并在幼儿的游戏中对环境进行不断充实和完善，如根据课程开展和幼儿的游戏需要自主更换主题墙饰、更新区角材料、重设区域规则，等等，可真正促进幼儿与环境的深度融合与互动。

（四）留给幼儿想象的空间

留白是放飞自我，恣意绽放想象和创造的空间。陈鹤琴曾指出，怎样的环境刺激，就得到怎样的印象。幼儿的想象力与创造力在一定程度上与自主程度成正比，越自主的环境越有助于幼儿的自我展示和大胆表现。因此，自主性游戏环境的的创设在空间、设施、材料、规则等方面都蕴含着教育的智慧和想象的空间。

自主性游戏环境的创设要留给幼儿想象的空间，且要灵活而富有变化。教师根据幼儿课程开展的实际情况和衍生的相关兴趣方向对环境进行相应的创设和改变，幼儿也可以根据自己的游戏经验和生活经验积累来调整游戏环境。

教师在自主性游戏环境中应注意给幼儿创设自主表达的空间，为幼儿的学习与发展留白，如创设涂鸦区、作品区等，鼓励幼儿大胆地想象和创设。同时，应鼓励幼儿积极参与环境创设，自主讨论区域规则、设计安全标示等，让幼儿真正成为环境创设和自主性游戏的主人翁。

四、自主性游戏环境的创设原则

马克思曾说过：人创造了环境，同样，环境也创造了人。师生如何创设幼儿园的环境，环境就如何改变着师生的面貌。游戏环境是儿童游戏发生的背景，它将直接关系到儿童游戏的品质和儿童游戏的体验。

笔者总结出了自主性游戏环境创设的五个创设原则：发展性原则、适宜性原则、生活化原则、留白化原则和专属化原则。

（一）发展性原则

自主性游戏环境的创设应符合幼儿身心发展的需要，以及他们的年龄特征，从而促进幼儿全面、和谐的发展。教师要尊重幼儿的生理和心理特点，尊重幼儿的认知水平和情感需要，充分考虑幼儿在知识经验、兴趣需要、能力发展等方面的不同需要。

自主性游戏环境的创设不仅是指美化环境，更是指教师与幼儿合作，幼儿能以主人翁的身份亲自参与的教育过程。自主性游戏环境的创设应该注重环境的参与性与互动性，注重幼儿是环境的中心，尊重幼儿参与环境创设的权利，从而促进幼儿个性的发展。

许多幼儿园环境的创设通常是教师单独主导的工作，从设计到布置都由教师独立完成。如班级要丰富植物区，教师要求每个孩子都从家里带来一盆植物，或者要求哪些幼儿带绿萝，哪些幼儿带多肉，教师都安排得明明白白的。幼儿只是按教师的要求把植物带来，随后便由老师按自己的设计把植物区摆放得漂亮有序。幼儿只知道哪一盆是自己带来的植物，至于为什么把自己的植物摆在那里没有权利去问。幼儿只是植物区被动的参与者和环境的适应者，所以对植物区环境的变化没有多大的热情和关注，刚开始会好奇哪一盆是自己的植物，会按教师的要求每天给植物浇水、观察等，慢慢就会失去兴趣。

仅仅由教师单方面策划、忙碌，布置好了之后对幼儿说一声“请进”的做法，只会在无形之中扼杀幼儿的主体性和参与精神。教师需要赋予幼儿充分参与的权利，从幼儿的角度，以幼儿的眼光来创设环境，为幼儿提供符合其年龄特点和个体需要的游戏环境与材料，让幼儿能在与环境的相互作用中获得发展，给幼儿自己支配的空间和权利，并能利用自由的时间去整理和布置。

自主性游戏环境的创设要体现环境的教育性。环境设计的目标要符合幼儿全面发展需要和兴趣需要，要与幼儿园的教育目标相一致。教师创设环境的目的就是要激发幼儿自主游戏和学习的兴趣，因此必须要有一定的针对性和目标的一致性，无论是基于主题教育背景下的环境创设，还是基于当前幼儿游戏需要创设的环境，都要有它创设的教育意义。

中班主题活动“快乐工作达人”的游戏环境创设。每个人的童年都会有一个梦想，孩子们心里都藏着一颗小小的有关职业梦想的种子，憧憬着长大以后做什么工作，成为什么样的人。围绕主题教育活动“快乐工作达人”，以孩子们的职业梦想为主题，中四班的老师、孩子和家长共同创设了“甜心baby”“咔咔摄影”“梦想建构师”“快乐书屋”“朵朵花艺”五个活动区角和“快乐工作达人”主题墙饰。安全、丰富的游戏材料，宽松、自由的游戏环境，自主愉悦的角色游戏，可以帮助孩子们体验从事各种职业的乐趣，获得有关正确的工作态度和团队精神的初步概念，为其成为未来的工作达人做好准备。如美食操作房“甜心 baby”区角，为幼儿提供了各种精美的甜品和冰激凌模型，以及点心盒、盘子、杯子、吸管、环保彩泥、水果模具等甜品制作材料。幼儿可自由选择顾客、甜品师、服务员的角色，结合生活经验进行自主性角色游戏。在积极参与环境创设和区域自主游戏中激发自主探索的兴趣、独立解决问题的能力，提高幼儿欣赏美、创造美、表现美的能力。

幼儿的发展是在与周围环境的相互作用中实现的，有目的的教育环境会对幼儿身心健康发展、社会经验建构等方面产生积极的影响。因此，自主性游戏环境的创设要与当前的教育目标具有一致性。

（二）适宜性原则

自主性游戏环境的创设要注意幼儿的年龄特征，游戏材料的投放也要随着幼儿年龄的增长而变化。如小班幼儿的游戏材料需要坚固耐用、结构简单、色彩鲜艳、富有刺激性的感官特征。中班幼儿的游戏材料在小班的基础上则要突出材料的操作性特点。大班幼儿的游戏材料则要求有更大的操作性和探索性，操作难度也要有所提高。

适宜的环境要让幼儿具有安全感，包括幼儿园室内、室外物质环境和心理环境的安全。幼儿园的建筑、设施设备、教具、玩具等物质环境必须符合国家有关卫生标准和安全标准，确保不会对幼儿的安全和身心发展产生负面影响。

幼儿园室内环境的创设安全，是指游戏区域的划分和材料的选择都应注重安全和卫生，要建立科学规范的区域标识和图示，在一日常规生活中培养幼儿的安全意识。室外环境的创设安全，要注意根据幼儿园的建筑特点因地制宜，注重户外环境的定期检查和安全维护。

幼儿园的建筑要求坚固、安全，装修材料必须安全环保，楼梯的舒适度、扶手和栏杆的高低度、走廊和过道的宽度等，都应符合国家建筑设计规范的相关要求。幼儿所需的设施和设备、教具、玩具的材料都应符合安全标准，并且由专门的人员负责检查和维护，避免和排除出现安全问题。

心理环境的安全，要求在创设游戏环境时尊重幼儿的人格和权利，尊重幼儿身心发展规律和年龄发展需求，关注幼儿的个体发展差异，尊重幼儿是环境创设和环境交互作用的主人翁，为幼儿营造安全、舒适、适宜的游戏环境。物质环境是幼儿园教育活动的基础，心理环境是提高幼儿园教育质量的关键。我们在注重营造安全的物质环境的同时，也要注重营造安全的心理环境。良好的心理环境会激发幼儿主动地学习，从而获得对幼儿园的安全感和归属感，这不仅有利于幼儿心理的健康发展，也有利于幼儿后续的全面发展。

幼儿园自主性游戏环境的创设要充分考虑不同地区、不同经济条件园所的实际情况，做到因地制宜、勤俭办园。一个好的或坏的幼儿园环境的关键在于是否促进幼儿的发展，而不是花费多少钱，以及有多少外国物品可用。教育部门也指出，幼儿园的经营条件应坚持安全、充分、适用的原则。

在创设自主性游戏环境时，基于安全的考虑，可以多利用生活中的废旧材料进行环境创设，如奶粉罐、枯树枝、鹅卵石、松果、瓶盖等。这些材料都是生活中幼儿经常接触到的、易收集的游戏材料，也会激发幼儿进行更多的创造性游戏。

（三）生活化原则

《中华人民共和国学前教育法草案（征求意见稿）》提出：幼儿园应当以儿童的生活为基础，最大限度地支持和满足儿童通过亲近自然、实际操作、亲身体验等方式获取经验的需要，促进儿童在健康、语言、社会、科学、艺术各方面协调发展。

生活为幼儿游戏提供了丰富的资源，如五彩斑斓的生态自然，以及多姿多彩的社会生活。幼儿是生活中的人，生活是重要的学习内容，也是重要的学习途径。

宜宾市打金街幼儿园创设了宜宾市首家“智慧生活体验馆”，从幼儿的生活经验出发，为幼儿创设了贴近生活的各个角色体验区。“魔法厨房”里提供了真实的厨房操作材料，让孩子们可以在这里用水果摆拼盘、榨果汁，用面粉揉面团、蒸蛋糕，用各种食材制作宜宾美食，如糍粑、冰粉、燃面等。在这里，孩子们自主选择、尽情体验当厨师、服务员、顾客、收银员的快乐，体验一日三餐的点滴幸福。在“康康医院”里，“医生”严谨地为“病人”诊脉、开药方，“护士”细心地为“病人”打针、输液。“嘟嘟警察局”里威严的“小警察”们忙着维护整个生活体验馆的秩序，确保大家安全，和谐地游戏。“娃娃家”里，“爸爸妈妈”们细心地照顾自己的“小宝宝”。在“钱多多超市”里，“顾客”有序地挑选和购买需要的生活用品，“收银员”负责算账、收钱、清点货物等。在“啦啦美发屋”里，“美发师”热情地询问“顾客”需要做什么样的造型……在这里，孩子们尽情体验生活中不同的角色，并把生活中已经习得的经验迁移、运用到游戏中来；在这里，孩子们学会与同伴协商、制定游戏规则，通过沟通与合作来解决问题，在游戏中建构和积累更多的生活经验；在这里，孩子们体验从事各种职业的乐趣，获得正确的工作态度和团队精神的初步概念，为成为未来的社会工作达人做准备。

要营造真实的游戏环境，提高幼儿自主游戏的兴趣，提供的区域游戏材料要与幼儿的生活经验密切相关，且与幼儿的年龄特征和游戏相适应，促进幼儿在游戏中建构并积累生活经验。

小班幼儿游戏环境的设置要求简单，更接近幼儿生活，主要围绕“家”的经验来开展游戏，对玩具材料的逼真程度要求较高，如“娃娃家”的仿真水果、蔬菜、厨房用具等材料都要尽量逼真，符合小班幼儿的现实认知水平，多提供种类少、数量多的玩具材料，以引起幼儿对已有社会经验的回忆。中班幼儿游戏环境的设置则要求有较为丰富的游戏区域、多样化的玩具材料，因此要多提供种类多、数量多的玩具材料，使幼儿在游戏中想与同伴交往而又因缺乏交往技能无法实现的愿望得以满足。大班幼儿游戏环境的设置要求与幼儿逐渐发展的认知能力和社交能力相符合，对玩具材料的可变性要求更高，要多提供种类多、数量相对少的各种玩具材料，以满足儿童在与同伴共同参与的集体活动中获得快乐的需求。

大七班品食区陈列着孩子们在“萝卜大变身环节”制作的风干萝卜和泡萝卜。这些泡萝卜都是孩子们亲手制作出来的，从调查泡萝卜的制作方法、制作材料，到萝卜的挑选、清洗、去污、切块、装罐、封坛，孩子们都格外用心，还给泡菜坛子取了特别的名字，制作了不同的标志。

因为是自己亲手制作的，所以泡萝卜也是每个孩子每天都心心念念的美食，孩子们早上来的第一件事就是去看看泡菜坛子怎么样了，闻闻泡萝卜的味道。当泡菜成熟后，孩子们争先恐后去品尝，可是在尝了泡萝卜的味道以后，发现泡萝卜并没有想象中好吃，有的泡萝卜太酸了，有的泡萝卜太辣了，有的泡萝卜却又没什么味道。

大双：这个泡萝卜怎么这么辣呀？好辣，好辣！

小双：可是我吃的这个泡萝卜不辣啊，都没什么味道。

大双：我们两个吃的不是同一个坛子里的泡萝卜，当然不一样。

欣璐：我觉得这个泡萝卜和家里的泡萝卜味道不一样，我们做的没有家里的好吃。

教师：那我们要怎样做才能让这些泡萝卜和家里的一样好吃呢？

“怎样才能使泡萝卜变得好吃呢？”这是孩子们在课程中面对的一个大挑战。

孩子们想到了可以向厨房的阿姨请教，因为厨房阿姨做的饭很好吃，泡的萝卜肯定也好吃。于是，在孩子们的邀请下，厨房阿姨来到了大七班，为孩子们介绍了泡萝卜怎样做才好吃，出现不同的问题应该加什么佐料。

厨房阿姨给孩子们讲了制作方法和材料后，教师又引导孩子们把这个挑战当成一次亲子作业回家和父母一起探讨。孩子们回家向家里有做泡菜经验的长辈请教：泡菜坛子里的泡萝卜很辣我们应该怎么办？没有味道我们又该怎么办？除了我们之前加在泡菜坛子里的东西，我们还要加些什么东西才能使泡萝卜变得好吃？带着这些问题，孩子们回家进行了询问，并在第二天带来了会让泡萝卜变好吃的材料。

仁义：我带了冰糖来，可以让辣的泡萝卜变得甜甜的。

小川：昨天我尝了那个泡萝卜都不酸，柠檬最酸了，把柠檬放进泡菜坛子，会让泡萝卜变酸的。

畅畅：外婆说这些香料会让泡萝卜变得更好吃，所以我带来加在里面。

当孩子们带来了各种各样能让泡萝卜变得好吃的食材后，开始重新制作泡萝卜，经过大家的不懈努力，大七班的泡菜终于变得美味可口。

在泡萝卜活动中，教师原本只是希望和孩子们在不断的猜想、尝试中，探索出制作美味泡萝卜的妙方。后来才发现，每一个孩子都有自己独特的口味，就像他们的思想一样，各不相同。因此，孩子们在一次次思维碰撞中体验到了发现问题、思考问题、解决问题的奥妙，也在一次次品尝、操作、探究中延续出一个个新的课程活动。

教育家陶行知曾说“生活即教育”，在与孩子们共同探究泡萝卜的过程中，既让孩子们回归纯朴童年，又让教师有了新的收获。在此次“萝卜畅想曲”班本课程的实施中，教师追随幼儿，以幼儿为课程主体，结合食育，落地于幼儿生活，无形之中将萝卜与生活结合，在“玩中学”“做中探”，不断丰富幼儿的认知体验。

（四）留白化原则

游戏环境的“留白”是指通过提供留白的空间、开放的材料、自由的选择和间接的引导，让幼儿在游戏中“自主、创造、愉悦”地学习与发展。留白是幼儿放飞自我，恣意绽放想象和创造的空间。

留白有着不可忽视的价值取向，能在很大程度上带给孩子无限快乐的游戏创意空间。幼儿的想象力与创造力在一定程度上与自主程度成正比，越自主的环境越有助于幼儿的自我展示和大胆表现。留白的部分体现了环境创设的互动性，能激发幼儿的参与意识，留给幼儿一部分想象再创作的机会，将他们心理空间的真实想法加以映照。

自主性游戏环境的创设要留给幼儿想象的空间，为幼儿的学习与发展留白，且要灵活而富有变化。教师要根据幼儿对课程开展的实际情况和衍生的相关兴趣方向对环境进行相应的创设和改变，幼儿也可以根据自己的游戏经验和自我生活经验积累来调整游戏环境。

宜宾市打金街幼儿园在涂鸦区、作品区、主题墙等空间留白，留给幼儿自主生成的空间，让幼儿可以根据自己的游戏经验进行大胆的想象和创设。同时，鼓励幼儿积极参与环境创设，如自主讨论图书区域的规则：图书区最多一次可以进入 4 个小朋友，进入软垫前要脱鞋并摆放整齐，看书时要有正确的坐姿，一次拿一本图书，等等。幼儿自主讨论、自主设计，并在游戏中相互督促以更好地遵循规则，真正成为环境创设与使用互动的主人翁。

当然，凡事都有度，留白应恰到好处，使教师的主导性和幼儿的主体性得到充分的展示和体现，将留白艺术巧妙地运用到实际活动中去，还需要不断在实践中探索。

（五）专属化原则

专属化是指幼儿自主性游戏区域设置的专属化，即在这个特定的游戏区域里有它特定的区域规则，材料使用、操作台设置、人数限定等都是专属于某个游戏区域的，幼儿要遵守各个区域的游戏规则，才能保障安全、有序地进行自主性游戏。

在小厨房的操作区里，幼儿用刀具、菜板进行切、剁、削等工作时要在规定的操作台范围内；幼儿人数要在操作面积最多能够容纳的人数范围之内；刀具等具有危险因素的操作材料必须遵循使用原则。教师要手把手地教会幼儿使用刀具，并确保幼儿能安全地使用，在幼儿具有一定的使用经验后，才能让其独自使用刀具进行实践操作，以确保游戏的安全开展。

幼儿园的图书区、表演区、美工区、建构区等各个区角的创设都要遵循区域专属化的原则，服务并促进幼儿的自主性发展。只有遵循了专属化的原则，幼儿在进行自主性游戏时，才知道看书要在图书区，角色表演要在表演区进行，建构材料只能在建构区域进行搭建，美工活动要在规定的美工区里开展。幼儿知道每个区域最多能容纳几个小朋友游戏，当发现这个区域人数已满时，会自主去参加其他区域的游戏，这样才能确保各个区域的游戏都能安全、有序地开展，避免出现杂乱无序的自主性游戏场景。

第二章

自主性游戏环境空间规划

第一节　自主性游戏环境空间规划新理念

一、幼儿园空间规划

1997 年《欧洲空间规划制度概要》中对空间规划做了如下定义：空间规划是指主要由公共部门使用的影响未来活动空间分布的方法，它的目的是创造一个更合理的土地利用和功能关系的领土组织，平衡保护环境和发展两个需求，以达成社会和经济发展的总目标。

幼儿园建筑空间组合要素由生活用房、服务用房和供应用房三部分组成。生活用房包括幼儿活动室、幼儿午睡室、卫生间（包括厕所、盥洗、洗浴）、幼儿舞蹈室、幼儿美术室、幼儿生活体验馆等各个功能活动室。服务用房包括医务保健室、教职工办公室、教职工会议室、门卫值班室、教职工厕所、器材保管室、音响控制室等。供应用房包括幼儿厨房、消毒室、洗衣房、库房等。

从空间构成要素上看，幼儿园空间包括顶面、地面、墙面，即空间中的长、宽、高，也不能忽略感受、氛围、人这些重要的构成要素。通过孩子、教师、家长共同创设的环境，具有安全、温馨、和谐的氛围，像家一般温暖，这样的空间才是具有自主性的幼儿园空间。

从空间范围上来看，幼儿园空间包括室内空间和户外空间，以及幼儿园与家庭、社区之间的外围渗透空间。幼儿园空间规划与建筑设计规划一样，需要考虑外部空间对园所内部的影响，如利用日照和风向，利用地形、土壤质量等打造幼儿园空间。

打金街幼儿园认为，幼儿园空间规划是整个空间设计的一部分，是空间设计领域与学前教育领域相互重叠的一小部分。幼儿园环境的有效创设不仅要有空间设计中的视觉美感、舒适体验、功能完整，还要有学前教育领域的教育功能，更要满足幼儿成长发展的需要，成为学前教育的重要支架。

二、幼儿园空间规划的基本要素

（一）色彩

幼儿的生理和心理特点导致他们对色彩和造型比较敏感，鲜艳的颜色以及有趣的造型更能吸引儿童，以不同颜色区分空间领域，可以为幼儿带来丰富的心理感受和玩耍体验。幼儿园整体色彩上要柔和而鲜亮，营造活泼的环境和氛围。幼儿园的整体色彩应该是协调的、舒适的、愉悦的、平静的、吸引幼儿兴趣的，这些和谐的色彩会让幼儿放松下来，身心愉悦地投入到游戏活动中。

大自然就是平静的环境的很好示范。广阔的海洋、旷野、森林和天空都呈现出平静色彩的不同色调。令人兴奋的颜色则以较小的面积出现在花、蝴蝶和鸟儿的身上。同样地，在幼儿园的空间里，一个平静的配色方案将烘托出平和的氛围。鲜艳的颜色可以用在孩子们的艺术作品或活动区有趣的材料上。研究指出：鲜艳色彩的存在，应该由孩子们自己创造。孩子所处的环境不应充满色彩，而应略显“裸露”，以便在孩子们占据空间时达到最佳平衡。

（二）设备

从小班到中班再到大班，小朋友的年龄、身高和心理状态都是具有个体差异的，因此教学设备要根据他们不同的心理和生理特点进行针对性的选择。

在桌椅等家具的选择上，可以运用家具的高矮变化创造空间层次感，根据小、中、大班幼儿的年龄和心理特点选择桌椅尺寸、造型和高低。小班的家具可以选择设计富有动感的以及有可爱小动物图案的，中班和大班的家具可以选择造型比较规整的，比如圆形或是菱形的桌、柜，色彩还是以高明度为主，营造出活泼的气氛。幼儿活动室的家具应该与内墙色彩相匹配，可选择与墙壁同一色系但纯度更高的颜色作为家具色彩涂装，再局部点缀对比色进行装饰，这样既可以丰富色彩环境，又可以保障活动气氛的稳定性。

在户外活动游戏器械上，可以使用对比强烈的三原色来吸引幼儿，激发他们参与活动的兴趣。要尽量少用黑色，对于幼儿来说，黑色通常是他们最不喜欢的颜色，会有意或无意间避开它，这样就会增加使用器械时的失误，增加安全事故的发生率。

在植物景观配置上，可多选用季节色彩明显的四季植物，让幼儿在花园般的幼儿园里春、夏季观赏各种花草，秋季观察落叶和果实，冬季观察枯枝等，感知和体会大自然的无限魅力。

（三）环境

幼儿园属于文化空间设计，要有富有艺术感的环境创设，这样，能够培育幼儿赏识美、感触美、表现美和发明美的才能，并能熏陶幼儿的情趣。

环境是儿童的第三位老师，也是隐形的课程，因此，幼儿园创设有效的环境尤为重要。幼儿园有效环境的创设使幼儿乐于与环境的交互，并在顺应、交流的过程中，逐步建构起关于外部世界的认知，从而使自己的认知结构得到发展。有效的环境能够满足幼儿的游戏兴趣和需要，引发丰富多样的自主性游戏，支持和推动幼儿的全面发展，让幼儿的游戏自主而有序。

幼儿园有效环境包括人与物、园内环境与园外环境，它既包括物质环境的创设，也包括精神环境的和谐；既包括空间的布置、区角的创设，也包括氛围的营造；既包括主题课程的设置，也包括教师在幼儿与环境互动中的支持性策略。教师通过树立正确的儿童观和游戏观，为儿童提供能够进行操作、改造、调节并能为儿童构建有益的经验体系，能激发儿童好奇心和学习兴趣，支持儿童发展的游戏环境。

自由、开放的有效游戏环境会吸引幼儿主动参与游戏，是自主游戏开展的重要基础。在这样的游戏环境中，幼儿可以自己决定玩什么、在哪里玩，以及如何玩得尽兴、玩得愉悦。有效的环境更有助于幼儿想象力和创造力的发挥。

1. 有效环境是幼儿开展自主性游戏的保障

幼儿园是孩子的天地，是孩子的乐园，是孩子自己的家，幼儿园的环境创设应体现孩子的自主性。

幼儿自主性游戏是幼儿在与教师共同创设的有效游戏环境中根据自己的兴趣和需要，自由选择、自主展开、自发交流的活动过程。要使幼儿的自主性游戏能深入、高质量地开展起来，使幼儿的创造能力、思维能力、语言表达能力、沟通合作能力等在自主性游戏中得到全面的发展，必须为幼儿创造适宜他们的有效游戏环境。创设有效环境是确保幼儿自主性游戏开展的重要保障。

在皮亚杰认知理论中，3～6岁的儿童处于前运算阶段，他们将感知动作内化为表象，建立了符号功能，凭借心理符号进行思维，从而使思维能力有质的飞跃。此年龄段儿童的基本心理特征是以自我为中心、非守恒性、万物有灵、假想能力以及模仿能力强。

空间是主体和客体相互作用的结果。人类在成长的过程中逐渐形成对空间的认识，儿童的成长也符合这一规律。儿童对环境的反应比成年人更为直接和活跃，他们会以一种非常直接和细致的方式来感受环境，所以对于 3 ～ 6 岁的儿童来说，空间与环境的影响非常重要。

幼儿自主性游戏是幼儿根据自己的兴趣、经验、认识能力、情感和个性特征等对做（或不做）游戏作出自我选择和自我决定，它是一种自发的行为，是幼儿对外部环境的积极探索和对经验的主动建构，具有独立性、主动性和创造性；是幼儿在与教师共同创设的游戏环境中根据自己的兴趣和需要，以快乐和满足为目的，自由选择、自主展开、自发交流的活动过程；也是幼儿兴趣需要得到满足，天性自由表现，充分发挥积极性、主动性、创造性，以及培养良好学习品质，建构健全人格的过程。

有效的环境一定是能满足儿童的需求，支持并促进儿童自主性和社会性发展的。有效的环境打通了室内外环境的边界，让幼儿在自主性游戏中对环境有更多的自主权。

2. 幼儿的自主性在自主性游戏中得到发展

幼儿在与教师共同创设的游戏环境中根据自己的兴趣和需要，以快乐和满足为目的，自由选择、自主展开、自发交流地开展自主性游戏。幼儿又在自主性游戏中根据自己的兴趣、经验、认识能力、情感和个性特征等对游戏活动的内容、方式、方法、结果进行自主选择和自主决定。

幼儿在和伙伴、教师、环境、材料的相互作用中，主动对外部环境进行积极探索，主动建构游戏经验，从而促进自身独立性、主动性和创造性的发展。幼儿的自主性就是在自主性游戏中逐渐建构和发展的。

三、幼儿园空间规划新理念

所有的设计都源于最简洁的形式，就像一颗蛋，孕育的是生命，生命是无限的，这是基本的哲学。孕育、出生是一个空间探索过程，幼儿的成长也是空间探索的过程，而人类对空间的探索从未停止。胎儿在子宫里的经历，其实儿童在 6 岁以前，还有残存的记忆，这种生理的、心理的记忆，如包裹感、温暖、围合、亲密感，要在儿童空间设计中体现。出生，即胎儿逐渐从那种包裹的空间中出来，虽然此时幼儿依然在一个小的空间里，但他已经开始面对更大的世界了。

海德格尔曾说：“人的存在有其空间性。”最早的原始人居住在山洞中，山洞的空间特征是保护，主要用于遮风避雨、躲避野兽，但同时山洞在提供保护的同时，也能让人类随时能够走出去，可以让人类看到外面的世界。这时空间是一个稳定的居所，同时又能够让人走出去，探索外面的世界。

逐渐地，人类告别原始的居住环境，开始用最简单的手法搭建房子，这样的过程依然可以从儿童身上观察到。比如，在儿童画中，最开始房子的形状是三角形与稳固的四边形的上下结合。

幼儿游戏的主题、方式以及游戏情节的发展与幼儿园室内外的空间规划有着密切的联系。我们认为空间是这样一个环境：它有着生存的作用，包含着精神的传承，有情境以及意味。幼儿园的空间规划也是一样的，要从生存、精神、情境、意味等领域去考虑，这才是适合儿童的。

（一）以人为本，给予幼儿家的温暖

幼儿园是孩子的第二个家，园舍柔软的色彩、适龄的布置都会减少幼儿的入园焦虑，给幼儿以安全、温馨的满足感。

要根据地理位置、建筑面积、室内室外可利用的场地进行合理的空间规划，包括幼儿园各个屋舍布置、户外游戏场地设置、绿地、大型游乐玩具以及教室、午睡室、生活室、功能室等场所的教学设施、环境布置等。要科学规划幼儿园办公区、生活区、幼儿活动区，做到每个区域互不影响，同时还要方便管理，保证各区域交通的疏散。

室内空间相对封闭，更有助于幼儿专注地进行游戏，有利于幼儿建构游戏、角色游戏、表演游戏、益智游戏的开展。幼儿室内活动区要体现各个年龄段孩子的特性，设计符合孩子年龄的色彩和活动器具，要考虑各个区域的家具、教具玩具的摆放，充分利用墙角、贴墙的零碎空间。在制作储物柜、橱柜时，要在保证不占用大空间的同时，尽量保留美化的视觉效果。活动区尽量铺设软木地板，体现环保、健康的理念。幼儿在进行学习、游戏时，感觉就像身处大自然中，能够感受来自空间的自然呵护。

户外空间相对宽敞，更加开放、自由和宽松，有助于开展创造性游戏，有助于幼儿进行大肢体运动类游戏，沙水、泥巴类游戏等。户外空间的场地以沙

池、草地、木屋、木桩为主，不同年龄段的儿童可以凭自己丰富的想象力去创造、组合、变换、移动各种材料，积累各种经验，满足自己在身体运动、认知建构、交往合作等各方面的需要。户外空间的色彩搭配的整体风格要简洁、明快、活泼、温馨，兼具现代感与童趣。幼儿休息的地方，可以采用暖色调，让孩子对陌生的环境减少恐惧，获得犹如在家的温暖感。

（二）安全为先，促进幼儿身心健康发展

安全感是幼儿开展任何活动都必须具备的心理基础，尤其是在自主性游戏活动中，安全的环境能让幼儿自在、放松地投入到游戏中去，自由地探索游戏环境和游戏材料，创造性地使用各种游戏材料，在游戏中获得有效的发展。安全的空间既包括物质的安全，也包括心理的安全。

幼儿园是幼儿生活、学习的重要场所，安全问题是环境创设的首要考虑因素。幼儿园空间规划对孩子来说要好玩，对教师来说要好用，还要有自己的特色。安全性原则是幼儿园空间规划中最基本的原则。安全性原则是指幼儿园的建筑、设施设备、教具、玩具等物质环境必须符合国家有关卫生标准和安全标准，不会对幼儿的安全和身心发展产生负面影响。

幼儿园室内环境的创设，要注意游戏区域划分和材料选择的安全和卫生，要建立科学规范的区域标识和图示，在一日常规生活中培养幼儿的安全意识。幼儿园室外环境的创设，要注意根据幼儿园的建筑特点因地制宜，注重户外环境的定期检查和安全维护。

打金街幼儿园致力于为孩子们创设安全、舒适、温暖的物质环境。各个活动室的墙角位置都用高密度海绵进行了保护，柱子做成软包，桌椅角都是圆弧形的，不会让幼儿磕碰受伤；各个教室的“娃娃家”中都有柔软的地垫、温馨可爱的毛绒玩具，图书角有舒适的沙发、柔软的靠垫、明亮柔和的光线，还在安全的角落设置了舒适温馨的私密空间；舞蹈室的镜子前有防护栏杆；户外操场有柔软的草地和一年四季给孩子们带来无限快乐的黄桷树等，这些都给幼儿带来了满满的安全感。幼儿园户外游戏场地和沙池边都设有适宜幼儿使用的洗手池，洗手池一个高一个低，方便小朋友玩完之后洗手、洗脚，而且这些洗手池都很方便取水和清洁。

在幼儿园一日活动中，教师要发自内心地尊重和理解幼儿，耐心倾听幼儿的想法，及时关注幼儿的情绪。在游戏中，教师要站在幼儿的身后给予支持和帮助，以朋友的身份参与幼儿的游戏，与他们一起玩、一起闹、一起讨论、一起成长，营造宽松、和谐的人际关系和心理氛围。在教学活动中，教师要学会等待与欣赏，允许幼儿在游戏中失败与犯错，了解幼儿发展的个性差异，对幼儿抱有合理的期望，创造平等、尊重、和谐的师幼关系。

和谐、友爱的同伴关系是影响幼儿安全感建立的重要因素，在自主性游戏中，幼儿需要更多地与同伴互动、交流、协商、合作解决问题，和谐、友爱的同伴关系能让幼儿在游戏中主动、自如、愉悦，促进幼儿在语言表达能力、社会交往能力、创造能力等方面的发展，增强幼儿的归属感与安全感。教师可以和孩子们一起创建和谐、友爱、包容的班级文化，以正确的榜样示范、帮助幼儿间形成和谐、友爱的同伴关系。

（三）适度留白，给幼儿想象和创造的空间

留白是幼儿放飞自我，恣意绽放想象和创造的空间。陈鹤琴曾指出："怎样的环境刺激，就得到怎样的印象。"幼儿的想象力与创造力在一定程度上与自主程度成正比，越自主的环境越有助于幼儿的自我展示和大胆表现。因此，自主性游戏环境创设在空间、设施、材料、规则等方面都蕴含着教育的智慧和想象的空间。

有的幼儿园装修得像豪华的宫殿和城堡一样，色彩艳丽，非常漂亮，但是儿童在里面却无所适从，因为里面没有留出给孩子发挥的空间，到处都填得满满的，儿童在这样的环境下只会感到局促。

打金街幼儿园在幼儿活动室、各个功能室、走廊、户外活动场所等很多地方有留白。如幼儿园后操场墙面设置为留白的涂鸦墙，可以任由幼儿自由涂鸦，成为幼儿恣意放飞想象和创意的空间；各个功能室给幼儿留出了展示作品的空间；建构区里投放了很多操作工具和材料，支持幼儿自己去建筑、设计、搭桥、修路，做什么都好，充分发挥其主观能动性等。

教师可以有意识地保留一些未被开发与利用的空间，不设标牌，不命名，鼓励和支持幼儿自由支配。如幼儿可以根据游戏的需要利用桌椅、木板、屏风、布料、滚筒等便于移动、组合的材料，来创造自己的游戏空间，满足自我的游戏愿望。

（四）打破室内室外界限，给幼儿游戏自主权

幼儿园的空间规划要实现幼儿交流的需求，包括视线交流与行为交流。幼

儿通过看、交流去探索这个大大的世界，有效的空间规划让环境与幼儿的成长之间形成良好的回路，也让有限的儿童空间得到扩展和丰富。而丰富的空间会提供给幼儿更多探索、学习的机会。

优秀的幼儿园空间规划会特别重视幼儿的视线交流与行为交流，以及各个区域之间的关系。不仅要关注幼儿园中教室与走廊的空间规划，还要重点设计幼儿如何从教室到走廊，以及一个区域与其他区域的联系。良好的空间联系会促进幼儿与幼儿的相遇和交流，让空间产生更多的价值。

打金街幼儿园打破了室内与室外的空间界限，给幼儿游戏更充分的自主权。教师会灵活地运用教室、走廊、楼道的空间，如在走廊设置热闹的表演区，让幼儿可以把走廊当成走秀或表演的舞台，在这里尽情地开展创造性游戏。教师站在教室门口既可以关注教室内各个区域的游戏，也可以观察走廊里的游戏，既充分运用了各个游戏空间，也体现了各区域间动静分区的原则，实现了各个区域间相互联系而又不相互影响。教师会充分考虑植物生长对阳光、土壤与水的需要，把需要阳光的植物角设置在有阳光直射的室内窗户下或室外操场上，这样既有利于植物的生长需要，也方便幼儿日常对植物浇水、养护和观察等活动，确保了各游戏区域间不相互干扰。

（五）多元参与性，共同设计与实施

幼儿园环境的创设过程是幼儿与教师、家长与社区、园内与园外多元参与、共同设计与实施的过程。只有各方配合，形成共同的合力，才能让幼儿园空间环境满足幼儿成长与发展的需要。根据多元智能理论和孩子玩中学的特点，创设多样化的功用活动场所，可以满足幼儿多样化发展的需求。

幼儿园自主性游戏环境的创设不仅是美化环境，更是教师与幼儿合作、幼儿能以主人翁的身份亲自参与的教育过程，应该注重环境的参与性与互动性，注重幼儿是环境的中心，尊重幼儿参与环境创设的权利。陈鹤琴指出："幼儿园的环境布置需要通过幼儿的大脑和双手，让他们自己来设计、布置，这才更加有意思，才更具有教育意义，也使他们对环境中的事物加深认识。"

幼儿园在进行空间规划和布置时，要倾听幼儿的声音，在环境创设中体现幼儿的意愿和思想，看见幼儿的学习和成长经验。只有激发幼儿不断用自己的力量去参与、完善游戏的环境，才能实现环境对幼儿学习与成长的教育价值。

幼儿园在进行空间规划和创设时，不仅要考虑园内环境要素，还应兼顾园

外各种环境要素，园内与园外各要素有机结合，协同一致地对幼儿产生影响。幼儿园如果关起门来办教育，脱离园外环境进行封闭式的教育，那么最终的教育成效肯定是非常有限的。

幼儿园应充分地运用多元参与性，有效整合园所、家庭、社区、大自然等多种教育资源，积极争取家庭、社区的支持和配合，形成长期稳定、良好的“家园社一体化”合作关系，选择与利用外界环境中有价值的因素，控制与削弱消极因素对幼儿的影响。

（六）功能多样性，整合各个空间的教育功能

幼儿园作为幼儿走出家庭后的第一个也是最主要的生活环境，其空间环境创设要根据幼儿的真实需求来进行整体布局，根据幼儿的日常生活表现出来的细节进行环境的整合设计，不断地促进幼儿在情感、责任心、人际交往等方面都得到发展，帮助其构建正确的思想和人格。

幼儿园环境创设要具备幼儿所需的物质及精神条件，这对幼儿未来的发展，对幼儿的性格塑造及未来成长都有着深远的影响。比如，墙面、活动区、地面等，都是幼儿园课程实施的重要组成部分，其既要给幼儿直观的感受，又要在这些课程上，不断延伸，构建适合幼儿的环境氛围。

幼儿园的空间功能要满足不同年龄段孩子的需求，满足孩子归属感和爱的需要，满足幼儿教育的需要。如美术室有三个功能区：绘画区、手工区、陶艺区。每个区又分为工具区、创作区、展示区三部分。此外，还要充分考虑不同年龄阶段儿童的动手能力。比如，在陶艺区，小班以“压扁”“搓条”为主，中班以“捏”为主，大班以“挑”为主，在工具区就要分区准备好放这些材料和工具的地方。

幼儿园空间规划得好不好，会直接影响幼儿的精神和心情，甚至还会影响到幼儿之间的人际关系以及教师与幼儿之间的互动。比如，人际关系方面，可以多设计一些能让幼儿共同去做一件事的地方，可以在每个教室里设计“娃娃家”，让小朋友在里面过家家，或者开商店，这些会锻炼小朋友之间的沟通能力。

打金街幼儿园创设了宜宾市首家“智慧生活体验馆”，让幼儿回归生活，体验不同的生活角色。宽松自由的游戏环境为幼儿创设了与同伴自主游戏的机会，搭建了建立良好同伴关系的平台。在这里，孩子们可以穿着警察服、厨师

服等不同的职业服装进行职业扮演的体验游戏；在这里，孩子们可以是行人，可以是厨师，可以是警察，可以是医生……他们可以通过角色扮演，成为具象的“大人”，在体验交流中增加对社会角色的认知；在这里，孩子们可以通过分配角色、加入同伴的活动等学习协商、合作、谦让、分享的交往技能。这些可以让孩子们在快乐中体验，在体验中学习，在学习中全面成长。

（七）把握尺度，注重环境创设的细节

尺度分为生理性尺度和心理学尺度。幼儿对大与小非常敏感，所以在幼儿园空间规划设计时要考虑到儿童的要求，做出尺度的调整。

单独的幼儿喜欢小环境称为微尺度，包裹的、围合的小环境会让幼儿感觉到安全。幼儿自发地建立自己的小领域，角落、隐蔽、私密，这是幼儿的心理需求。因此在教室安全的角落设置一个比较舒适隐蔽的私密空间，让幼儿可以在里面安静地待着、看书，或是和小伙伴说说悄悄话等，能够给予幼儿充足的心理安全感。

而对于有小伙伴需求的幼儿来说，稍微大一些，且由围栏、阻隔构成的够几个小朋友一起玩耍的环境是他们比较喜欢的，如幼儿园的各个区域游戏空间。当然对于稍微大一些的集体活动，如十几个孩子一起的活动，空间尺度就需要再大一些，称为中尺度。中尺度往往代表着社会性空间，有交流的需求。这个空间既可以设计为宽阔的、没有阻隔的大空间，也可以灵活地运用多种手段和方法进行分割，以满足幼儿在不同阶段的需求。对于更大的集体活动，如全校师幼共同参加的活动，就需要大尺度设计。优秀的幼儿园空间设计需要包括各种尺度，并要在大尺度中做好不同尺度的分割设计。

幼儿身心发展规律是幼儿园空间规划环境创设的基础考量。环境创设要与幼儿的学习与发展相适宜，应认真剖析幼儿的年龄特点、发展规律、兴趣需要、能力水平等，把握好分寸，用专业控制细节，以细节彰显品质。

幼儿园空间规划与环境创设应贴近幼儿的生活与经验，让幼儿学会尝试、挑战与提问；应激发幼儿的好奇心与创造力，提高幼儿解决问题的能力；应培养幼儿的亲社会性，凸显人文关怀，让幼儿舒缓压力、学会选择，满足生活需要。

幼儿的个体差异是环境创设不可忽视的重要因素。在环境创设时既要符合幼儿整体发展的水平，又要兼顾超常与较弱幼儿的发展情况。

幼儿园环境创设还要注意幼儿的年龄差异，不同年龄的幼儿存在能力水平的差异，因此需要在游戏材料的提供上体现层次性、延续性和动态性；还要注意幼儿的性别差异，要思考哪些区域、材料、玩具和色彩适合男孩，哪些适合女孩。这些尺度和细节都是幼儿园在进行空间规划和环境创设时不容忽视的重要方面。

第二节　自主性游戏环境空间规划的策略

宜宾市打金街幼儿园历经八年通过对“创设自主性游戏有效环境的实践研究”课题的务实研究，形成了幼儿园空间规划的四大策略。

策略一：科学规划幼儿园空间，为有效环境的创设做好保障

一、形成“职权明晰”的幼儿园空间规划横向体系

根据《幼儿园基本办园条件设施设备配备标准》《幼儿园教育质量评估标准》，打金街幼儿园在全园统筹构建“1+3+X”的空间规划体系。“1”是作为顶层规划的《宜宾市打金街幼儿园空间规划》，“3”为幼儿园办公区、生活区、幼儿活动区规划，“X”为幼儿园其他专项规划。在顶层空间规划下，各部门之间法定规划的职责开始界定清晰。

根据幼儿园的地理位置、建筑面积、室内室外可利用的场地进行合理的空间规划，包括幼儿园各个屋舍布置，户外游戏场地设置，绿地、大型游乐玩具以及教室、午睡室、生活室、功能室等场所的教学设施、环境布置等，科学规划幼儿园办公区、生活区、幼儿活动区。

打金街幼儿园把科研课题研究经验充分运用到新园天池分园（已于 2020 年 9 月 1 日正式开园）的装修设计上，从园所整体规划上进行顶层设计：科学规划幼儿园办公区、生活区、幼儿活动区，根据幼儿园的地理位置、建筑面积、室内室外可利用的场地进行科学规划。整体打造幼儿园各个楼道、教室、

午睡室、各功能室的环境创设风格，在色彩搭配与家具配置、教具玩具材料购置上进行整体创设，细致到每一间活动室窗帘的颜色、质地，甚至卷帘的高度等，为幼儿和教师创设舒适、温馨、自主的游戏、生活、工作环境。

根据幼儿园的整体发展规划，打金街幼儿园天池分园将大力塑造足球文化基地，从足球运动场地的规范、足球文化的营造到训练装备的购置、足球教师的培训等软硬件设施、设备都以最新、最高标准进行顶级配备。根据国际足联规定的标准，幼儿园创设了长度为 16 米、宽度为 9 米的幼儿草坪足球场，确保每名幼儿都有一个足球。教务处组织班级教师通过外出专项培训学习、网络培训、年级组研讨等多种教研方式逐渐完善幼儿足球早操，在音乐的选择、动作的编排、时间的长短等方面，都根据幼儿的身心、年龄特点进行编排和实施。每天开展常规足球早操，每周邀请专业的足球教师到园为每个班级的孩子上足球运动课，每期进行足球运动展示，让孩子们在快乐的足球运动中提高身体协调运动的能力、团队协作的能力、解决问题的能力、抗风险的能力等，阳光健康地成长。

篮球运动涵盖了走、跑、跳、投等多种身体运动形式，能全面、有效、综合地促进身体素质全面发展，保持和提高孩子的生命活力，为孩子的活动打下坚实的身体基础。打金街幼儿园中心园将打造成为篮球特色基地，把中心园后操场由原来的塑胶场地和沙池改造为安全宽敞的篮球训练场，采用先进、科学的悬浮地板技术，使地面不受天气的影响，且触感柔软，很好地保障了运动时的冲击吸收，极大地提升了幼儿的脚感舒适度，对幼儿的保护性强。幼儿园配备了适合孩子篮球运动的设备，包括幼儿篮球架、幼儿篮球、幼儿篮球框等，提高孩子对篮球运动的兴趣和自信心。幼儿园邀请华蒙星篮球的专业教师每周到幼儿园为孩子们开展篮球特色活动，选拔每个班级有篮球运动特长的孩子组成幼儿园篮球队，组织孩子们参加专业的训练与友谊比赛活动等，增强幼儿的身体抵抗力，促进幼儿身体健康发展。

二、形成“分级、分重点”的幼儿园空间规划纵向体系

幼儿园空间规划纵向上分为“园级—部门—班级”三个层次，每个层次呈现出各自的侧重点。园级层次的空间规划重点是制定幼儿园刚性管控政策，强调政策的全园普遍性和纵向贯穿性；部门层次的空间规划重点是强调全园的空

间资源协调和有效运用；班级层次的空间规划重点是因地制宜地制定和打造有效的班级空间规划效果。

园级层次的空间规划充分运用幼儿园地理位置和建筑空间特点，根据《幼儿园基本办园条件设施设备配备标准》《幼儿园教育质量评估标准》的要求，有效规划全园各个空间环境。

部门层次的空间规划则遵循园所空间资源的协调与有机整合，如严格按照《餐饮建筑设计规范》《城市规则与食品卫生监督机构的要求》等设置幼儿园厨房；为方便幼儿体育器材的收放取用，在临近操场的屋舍设置器材保管室，等等。

班级层次的空间规划则根据各个教室的空间大小、（如教室长宽、面积等）门窗位置、区域名称、容纳人数、采光的角度、幼儿的年龄特点等，遵守动静分区、干湿分区、封闭性与开放性结合、各区域间能有串联互动的基本原则，进行合理的班级空间规划。

三、完善幼儿园园所标准装备和实施设备的科学配备

打金街幼儿园现有本部、麻线街分园、天池分园（2020 年 9 月开园）三处园舍，实施一园三址的统一管理。根据《四川省幼儿园装备规范》《幼儿园基本办园条件设施设备配备标准》，幼儿园统筹设计、合理规划、科学配置，为各个班级配足各项软件和硬件设备设施。

幼儿园每个班级配备“两教一保”专职人员，确保幼儿园常规保教活动有序开展，各个功能室制定“定时、定人、定责”制度，确保幼儿园功能室活动的有效开展。

各个班级和功能室配置相应的高清电子白板、空调、校园广播系统、互联网、教育教学资源库等，为幼儿和教师开展各项教学和游戏活动提供强有力的物质支撑。

四、创设独具园本特色的幼儿园自主性游戏大环境

幼儿在与其他幼儿平等相处的环境中才能学会尊重、配合同伴，多层面地体验人际关系，多层面地了解自己的角色，形成自我意识、自我概念，学习与

不同的人交往，进而形成责任感、荣誉感和集体意识。根据园所的地理位置和发展需要，幼儿园应合理规划，充分利用园所各个空间，设置丰富的幼儿园游戏大环境，使全园所有的空间都成为幼儿游戏的场所。

打金街幼儿园为优化中心园户外游戏空间，组织全园教师开展集中研讨和分年级组小组研讨，对后操场和前操场的空间规划和功能设置进行了多次研讨。经过多次教研发现：后操场原有的沙池幼儿玩耍兴趣不大，不知道怎么玩。究其原因为沙池里的沙子都是海沙，不易塑形；玩沙材料单一，不利于幼儿创造性地游戏；沙池离水源较远，不方便幼儿游戏时取水，幼儿游戏后洗手、洗脚亦不方便；沙池旁边是塑胶草地，海沙容易带到塑胶草地上不易清扫。

鉴于以上问题，教务室及时向园长们汇报，并提出相关建议：把海沙换成河沙，沙池旁边新设水源，新建幼儿洗手池和洗脚池，投放更多的玩沙材料等。

园务室根据教师多次教研提出的问题和建议，及时召开行政会议，商讨解决策略。根据幼儿园三年发展规划，中心园将打造篮球特色基地，后操场将改造为悬浮地板专业篮球运动场，那么应如何改造沙池呢？

园长们根据幼儿园户外空间规划原则，结合幼儿园实际地理位置和空间需求，进行了如下调整。取消后操场原来的沙池，将后操场整体打造为专业的幼儿篮球运动场。沙池重新设置到前操场，根据一线教师的教研建议，沙池和戏水池设置在一起，使幼儿可以自主选择玩沙游戏，也可以自由地玩水；沙池全部使用河沙，沙池里新建了抽水泵和螺旋流水池，幼儿需要用水时，通过用力挤压抽水泵就能抽出水来，水经过螺旋流水池缓缓流入沙池，取水的过程既富有童趣，又锻炼了幼儿同伴间分工合作的能力，幼儿在快乐游戏中亦增加了科学常识；戏水池里设置了高矮不同的旋转风车，幼儿可在这里自由自在地嬉戏玩耍；根据不同年龄段幼儿对玩沙材料的需求，投放了 PVC 管、工程塑料玩具、沙漏、沙铲等不同层次的材料，供幼儿自主选择进行游戏。为了幼儿游戏时的安全，整个沙池边角都抹成了圆角，设置了高低不同的洗手池、洗脚池、方便幼儿换鞋的软质坐垫等。从点滴的细节做起，为幼儿创设一个安全、活泼、自主、富有童趣的玩沙、玩水的游戏空间。

幼儿园的卫生间、走廊、楼道等公共区域，都潜藏着巨大的游戏价值。如在楼道墙面充分展示打金街幼儿园“生命启蒙”特色园本课程的主题内容，使孩子们在耳濡目染中获得生命教育的启迪。幼儿园还根据幼儿发展需求，创设独具园本特色的沙池、大型攀爬架、篮球场、足球场、美术室、阅读室、舞蹈室、陶艺室、生活体验馆等多个功能场所。

幼儿园根据全园多次调研和调整，形成了时间与空间相互交错的功能室安排表，为班级教师和幼儿开展游戏活动提供了物质、时间、空间的有力保障。

策略二：合理规划班级空间，创设适宜的班级自主性游戏环境

一、遵循生活化、留白化、专属化的原则创设科学适宜的班级区域游戏环境

（一）在“看一看、学一学、做一做”中创设有效的班级自主性游戏环境

打金街幼儿园在班级区域规划上有着独特的教研模式：外出学习—专家引领—比赛研讨—科学创设。教师通过查阅文献资料丰富环境创设理论知识；通过“走出去”拓宽环创视野，2014 年至 2020 年幼儿园组织教师外出培训学习高达 400 多人次，学习优秀的环境创设理念和实操经验，并回幼儿园进行“二次培训与分享”，充分整合有效环境创设资源；通过“请进来”进一步优化幼儿园环境创设资源，曾邀请许静老师、何奎莲教授等专家到打金街幼儿园开展调研指导，邀请翠屏区师资培训中心钟永强副书记、幼教部朱莉玲主任等专家为打金街幼儿园教师开展专题讲座，从理论到实操逐步提升教师的环境创设能力；在“看一看、学一学、做一做”中，班级教师从自主规划设计，年级组分组讨论到全园教师集中研讨，再到创设班级区域环境，层层递进，从而达到最优的环境效果，创设有效的班级自主性游戏环境。

（二）采用“二跟二清晰”区域操作法创设科学的区域自主性游戏环境

打金街幼儿园在创设班级区域游戏环境时，采用“二跟二清晰”的创设要求，即要求区域跟着孩子走，面积跟着孩子走，划分区角的视觉清晰，区角标志简单清晰。要遵守各个区域动静分区、干湿分区、封闭性与开放性结合、各

区域间能有串联互动的基本原则。班级教师在区域规划上一次次反复思量、修改，在设计图上标记教室空间的基本元素，如教室的长宽，门窗的位置，区域的名称，区域面积的大小，每个区域可以容纳的人数，各个区域内材料的投放，各个家具的名称，等等，做到教师心中有科学合理的空间规划图，再进行区域实际环境创设。

小班主题活动“一花一世界”区域规划设计

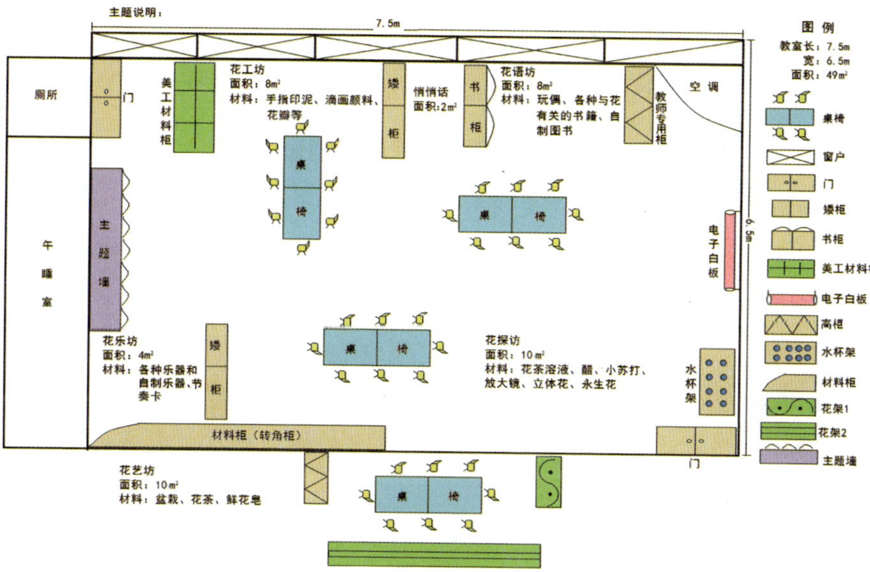

图 2-1　“一花一世界”区域规划图

结合班级幼儿年龄特点把教室划分为五大区域：美工区、图书区、种植区、科探区和建构区。最开始由于未考虑区域与教室布局的关系以及主题活动的开展，未能做到干湿、动静结合。通过多次教研与查阅资料，再次设计时，充分考虑了主题活动下各个区域的有效设置，将需要用水的“花工坊”和“花探坊”设置在离厕所最近的地方，将安静的“花语坊”与“悄悄话”放置在一起，将需要阳光的“花艺坊”设置在有阳光直射的窗户下。只有这样幼儿在进行区域活动时，才能更好地游戏，不相互干扰。同时，设计了桌面可操作的区域，充分利用墙面把操作提示和幼儿作品展示出来，让幼儿通过自主操作探索展示成果，在宽松自主的环境中成长。

教师合理科学地规划班级区域，能为幼儿提供自我学习、自我探索、自我发现、自我完善的空间，满足幼儿自主发展的需要。在区域规划设计中，从最开始“老师认为的”设置，到采用“二跟二清晰”的区域操作法遵循“以幼儿为本”的环境创设原则，创设适合幼儿的，能真正为幼儿游戏服务的有效区域游戏环境。

（三）创设了安全、舒适、温馨的主题课程背景下的区域自主性游戏环境

幼儿园充分结合班级主题教育活动的开展，发挥墙饰的教育功能，让墙饰与幼儿对话，创设主题背景下的游戏环境，给孩子提供与环境交流、创造性发展的平台。教师精心设计、独具匠心地打造最适宜幼儿的安全、舒适、温馨的主题区域环境，让环境这个“隐形课程”真正地为教育服务。

主题背景下班级区域环境创设

活动背景：每个人的童年都会有一个梦想，孩子们心里都藏着一颗小小的有关职业梦想的种子，憧憬着长大以后做什么工作，成为什么样的人。围绕主题教育活动“快乐工作达人”，以孩子们的职业梦想为主题，打金街幼儿园中四班的教师、孩子和家长共同创设了“甜心 baby”“咔咔摄影”“梦想建构师”“快乐书屋”“朵朵花艺”等五个活动区角和“快乐工作达人”主题墙饰。

活动实录：经典雅致的甜品小站，梦幻多变的摄影舞台，充满挑战的百变磁性积木，舒适温馨的阅读小屋，多姿多彩的花艺展示，处处记录着孩子们对甜品师、摄影师、建筑师、花艺师等梦想职业的体验。安全丰富的游戏材料，宽松自由的游戏环境，自主愉悦的角色游戏，让孩子们体验从事各种职业的乐趣，获得有关正确的工作态度和团队精神的初步概念，为成为未来的工作达人做好准备。同时，在积极参与环境创设和区域自主游戏中也能开发幼儿的智力，激发幼儿探索的兴趣，培养幼儿小主人的精神，引导幼儿建立环保的意识，提高幼儿欣赏美、创造美、表现美的能力。

活动案例：在美食操作房“甜心 baby”中，设置了别具风格的红、白主色调，一目了然的商品展示区、干净宽敞的操作区、温馨雅致的品尝区，为幼儿提供了各种精美的甜品和冰激凌模型，以及点心盒、盘子、杯子、吸管、环保彩泥、水果模具等各种甜品制作材料和工具。幼儿自由选择顾客、甜品师、服务员的角色，结合生活经验进行自主性角色游戏。“甜品师”然然、乐乐、琦琦熟练地使用造型工具和制作材料创造性地制作色彩鲜艳、形状各异的美味甜品；“顾客”芽芽、彤彤、小坤等自主、合理地选择自己喜欢的甜品，付钱

购买后到品尝区舒适地享用甜品；“服务员”妞妞、睿睿和浩浩大方自信地向顾客介绍自己的甜品，用微笑和热情耐心细致地服务每一位小客人。

活动反思：“快乐工作达人”的环境创设以幼儿为主体，幼儿和教师、家长共同参与，围绕主题教育活动，为幼儿提供充分活动、表现、交往和互相学习的机会与条件，同时又渗透主题教育的目的性。教师以观察者、游戏者和指导者的角色观察、参与、引导幼儿自主游戏，通过一定的教育目标来激发幼儿对周围环境的兴趣，引导幼儿自主地游戏和探索。幼儿在游戏中自发地进行交流，积极地表达情感，共解难题、共享快乐，自主性、独立性和创造性都获得了很好的发展。

（四）形成了极具操作性与实用性的各个游戏区域的材料投放操作手册

玩具材料是幼儿开展自主性游戏的重要物质基础。幼儿的年龄特点和身心发展规律决定了成人为他们提供的材料要具有开放性与多元性。

3～6岁幼儿的思维具有直觉行动性和具体形象性的特点，他们在直接感知、亲身操作、实际体验中获得游戏的经验和自身的发展。丰富多样的玩具材料会引发幼儿丰富多彩的游戏活动，更会影响幼儿的游戏水平，以及幼儿通过游戏所获得的发展。

开放性材料是指儿童在游戏时可以移动、操作、控制和改变的吸引人的、容易找到的物件和材料。① 开放是一种理念，只要具备了开放的理念，周围环境和生活中遇到的各种物品皆可以成为幼儿游戏的玩具。② 可移动、可变化、可组合的材料具备开放性，低结构的材料更具开放性。开放性材料既有树叶、石头、果壳类的自然材料，也有瓶盖、水管、毛线类的人工合成材料。教师需要消除对玩具材料玩法的限制，放手让幼儿游戏，这样幼儿在自主探究中创造性的玩法也会层出不穷。

打金街幼儿园在课题研究中，通过多次教研与实践操作，形成了独具园本特色的区域设置及材料投放操作手册，从小、中、大班各个区域设置的目标、规则、材料的投放和更换等方面都做了细致的讲解，帮助新教师方便快捷地借

---

① 戴利，别洛戈洛夫斯基．开放性材料1：幼儿创造性游戏[M]．张瑞瑞，种欣颖，译．南京：南京师范大学出版社，2018.

② 董旭花．幼儿园区域活动68问[M]．武汉：长江文艺出版社，2020.

鉴、使用，以进行班级游戏环境创设。比如，大班建构区材料投放。5～6岁的孩子常常表现出令人吃惊的搭建能力，他们能够灵活运用各种材料去创造性地表现生活和他们对于某种物品或形象的喜爱。在搭建活动中，他们比小班和中班的孩子表现出更加长久的专注与坚持，能够自己独立或在成人、同伴的帮助下解决搭建过程中遇到的各种问题，并有了较强的合作搭建的意识，愿意与同伴一起去表现一个更为壮观、更为复杂的主题场景。

大班建构区设计方案

目标与内容：

（1）参与制定有关建构区活动的规则，设计玩具放置标志。

（2）进行立体组合搭建，尝试不同材料的连接方法。

（3）在建构过程中记录并进行成果展示。

（4）用自然物及废旧物进行搭建活动。

（5）进行复杂的建构活动及木工活动。

（6）在玩沙土中体会沙、土的特性，练习做沙、土小实验，用沙土、石块等塑形并开展游戏。

（7）复习并运用统计、分类、等分、对比、形体、整体部分等数学知识，并能将其与游戏结合。

材料投放：

积木类：大、中、小型实心积木，塑胶积木（插管型），混合积木，多米诺积木等。

积塑类：插接类、嵌接类、轨接类、扣接类、齿轮类、组装类（含工具）材料。

板材类：软木板、有机玻璃板、塑料板、硬纸板等。

工具类：桶、铲、罐、勺、筛子、漏斗、小锯、螺丝刀、钳子、锤子等。

模型玩具类：各种模型玩具。

废旧材料类：各种瓶、塑料袋、布、纸盒、纸箱、空心管子等，相关书籍、海报、照片、图片等。

连接材料类：纸、线、绳、黏合剂、夹子、书钉、铁丝等。

沙土类：贝壳、石子、沙土等。

指导要点：

（1）和幼儿一起制定必要的规则，增强幼儿的规则意识，使他们变被动接受要求为主动遵守规则。

（2）墙壁布置要求与幼儿的身高相适宜，可用收集的资料图片、幼儿绘画、手工作品等组成，用与建构相关的材料布置墙壁。

（3）可围绕社区、港口、火车站等主题开展建构活动，引导幼儿联想、创造。引导幼儿先协商，达成一致意见后再通过小组分工合作进行有序的搭建。除考虑建构的物体与真实物体形似外，还要引导幼儿注意颜色搭配，如每层楼用不同的颜色等。

（4）引导幼儿在同一主题建构活动中运用不同的建构技能，如从不同角度表现事物特征，选用不同的结构材料，用同一材料建构不同的造型等。

（5）在建构活动中，引导幼儿进行小组建构，分工进行测量、记录、统计建构结果。引导幼儿间相互评价，从他评过渡到自评。

（6）引导幼儿合理运用废旧材料自然造型进行想象构建，尝试不同材料连接的方法。可以与幼儿讨论材料的替代物，探讨不同的材质的最佳建构方法，避免建构中受阻，丰富幼儿的想象力。提示幼儿注意工具使用的安全。

（7）引导幼儿利用干沙、湿沙、干土、湿土等特性不同的材料进行建构，将经验有机结合；尝试建构高的物体不同方法。

（8）游戏后引导幼儿整理区域，注意个人卫生。

表 2-1　大班建构区材料配备参考表

类别	玩具材料	数量
积木材料	大中小型实心积木、塑胶积木（插管型）、混合积木、多米诺积木等	1套
积塑材料	插接类、嵌接类、轨接类、扣接类、齿轮类、组装类（含工具）	1套
模型玩具	各种模型玩具	1套
辅助材料	软木板、有机玻璃板、塑料板、硬纸板等	2种以上
使用工具	桶、铲、罐、勺、锯、螺丝刀、钳子、锤子等	5套
废旧材料	各种塑料袋、布、纸盒、纸箱、空心管等	若干
连接材料	纸、线、绳、黏合剂、夹子、书钉、铁丝等	若干

二、创设了独具园本特色的主题背景活动下的自主性游戏环境

（一）创设了“生命启蒙”园本特色自主课程游戏大环境

打金街幼儿园充分结合班级主题教育活动的开展，发挥墙饰的教育功能，让墙饰与幼儿对话，给孩子提供与环境交流、创造性发展的平台。尊重幼儿是环境创设的前提，应让幼儿参与主题墙饰创设的全过程。幼儿园楼梯墙面呈现出打金街幼儿园“生命启蒙”园本特色课程的系列主题活动和教育目标、内容。教室主题墙上展示幼儿的水彩画、剪纸、立体作品、亲子作品等，展现了幼儿主题教育的活动痕迹。户外涂鸦墙和沙水区结合主题内容为幼儿提供展示自我的平台，支持幼儿用自己的语言和涂涂画画表现出与同伴快乐游戏的瞬间与感悟。在主题活动开展过程中，教师关注幼儿的成长与变化，幼儿用自己稚拙的画面记录下了成长的历程。

（二）采用了“7+3、5+5、3+7”的模式开展主题教育活动

打金街幼儿园采用“7+3、5+5、3+7”的模式灵活开展主题教育活动。即入职 5 年内的适应期青年教师七成开展由幼儿园集中备课要求的主题活动，三成开展自主生成和选择的主题活动；入职 5 ～ 10 年的成长期骨干教师五成开展集中备课要求的主题活动，五成开展自主生成的主题活动；入职 10 年以上的经验型教师七成拥有自主选择主题活动的自由。以灵活的管理模式积极调动教师创设和开展主题活动的自主性。

（三）充分整合与有效运用了幼儿园周边的社会资源环境

充分整合、运用打金街幼儿园周边打金街花市、童子街菜市、国峰农贸市场等社会资源，创设贴近幼儿生活，扩展幼儿社会认知的班本主题课程，如小班主题课程“一花一世界”，中班主题课程“蔬菜派对”，大班主题课程“种子的秘密”等。创设有效的班级主题游戏环境，幼儿在与环境的有效互动中丰富社会经验，促进其全面发展。

打金街幼儿园小班主题课程“一花一世界”

小班主题课程“一花一世界”主题说明。花是生活中最常见的事物，衣服上、饰品上、山坡上、公园里、街道中、家中、幼儿园……花无处不在，它既可以作为装饰，让生活环境更美，也可以作为材料制作成日用品或食用品（花瓣皂、香

水、鲜花饼），让生活更方便。打金街幼儿园位于童子街花市，孩子们每天一入园便会被鲜花的香气吸引，也会对花的奇色异枝产生好奇，各种千姿百态的花儿冲击着他们的视觉和嗅觉，吸引着他们的兴趣……

随着一个个小花苞、小叶片探出稚嫩的“脑袋”，孩子们会发现，每一种花的形状、颜色、味道、作用，每一朵花的生长方式都不一样。带领孩子去探究关于“花儿”的秘密，通过看、闻、查、做的方式去开启更深层次的对花的了解，可以满足幼儿的探究需要。比如，花由花蕊、花萼、花瓣、花托四个组成部分组成；不同种类的花可以制作成不同味道的香水；不同的花也有各自独有的生长方式，有的在水里生长，有的栽种在泥土里，有的喜欢阳光，有的喜欢阴冷、潮湿，有的没有花青素，有的有花青素，花青素在不同酸碱程度的液体里会受到影响，花儿颜色也会产生不同的变化……

花与我们的生活息息相关，让我们的环境更优美、生活更美好，花与人类相伴，就像蜜蜂与花儿的约定一样，孩子们在这样的约定中亲身感受和体验，认识花、了解花、欣赏花、探究花、爱护花，感受花的美，感知花与人类生活的关系，由此会产生对花的热爱和对自然的好奇与喜爱。

（四）总结出一套独具园本特色的主题活动安排实施表

打金街幼儿园基于幼儿本位，整合“幼儿园整合课程”“幼儿园卓越课程”，结合打金街幼儿园“生命启蒙”教育园本特色课程“快乐宝贝成长记”，由教师自主安排班本活动课程，形成了一套独具园本特色的小、中、大班主题活动。

表 2-2　宜宾市打金街幼儿园主题活动统计表

年级 学期	小班	中班	大班
秋期	幼儿园里真好玩 我会自己做 秋天来了 天冷我不怕 健康俱乐部	我上中班啦 动物狂欢节 秋天博物馆 好朋友一起玩 蔬菜派对	我是大班哥哥姐姐 小小中国娃 秋天的秘密 红红火火中国年 最棒的我
春期	我的一家 春天来了 一花一世界 玩具大家玩 玩水去	探访社区 寻找春天 快乐工作达人 车轮滚呀滚 夏天欢乐多	要上小学啦 探秘春天 种子的秘密 小身体大奥秘 我要毕业啦

三、创设了平行班、混龄班互动的自主性游戏环境

（一）创设了幼儿自由选择自己喜爱的室内平行班游戏环境

心理学研究表明，儿童最初比较喜欢与同龄伙伴交往，但从与他处于同一环境中的人那儿学到的东西是有限的。相反地，可以从与他不在同一环境但有关联的人那里学到更多的知识和技能。

平行班互动的游戏环境，即同年龄班的幼儿在相同的时间里，在平行班活动室内自由选择自己喜爱的游戏，班级教师则留在班里观察、指导所有来本班玩的幼儿。

这样的好处在于，对教师来说，加强了与幼儿之间的联系，在共同制定目标的基础上，教师可充分地准备一到两类游戏材料，而不需要面面俱到，有利于集中精力观察、指导游戏，及时发现解决游戏中存在的问题，使指导更有针对性。对幼儿来说，既受环境中其他人的影响，自身也会影响别人，这种新奇的形式不仅增加了自由度、扩大了幼儿交往的范围，而且拓宽了幼儿个人游戏的空间，培养了幼儿的自主性和责任心。

打金街幼儿园每周五下午开展平行班自主性游戏，幼儿可自由结伴、自由选择活动的班级地点，在喜欢的游戏中尽情享受开放的空间、时间、材料和人际关系。幼儿园从小班下学期开始不定时地将平行班的幼儿安排在一起散步、看书、吃饭，甚至睡觉，中班开始则定期进行。通过这种形式，平行班的教师、幼儿之间相互都很熟悉，且幼儿的交往能力明显增强，自主性、积极性显著提高，性格活泼开朗，解决问题的能力强，特别是中班后期到大班，幼儿在自主性游戏中遇到问题时基本上都能自主协商解决。

（二）创设了幼儿能多层面体验人际关系的混龄班游戏环境

研究发现：对于年龄层次更低的幼儿来说，与较之年长的幼儿交往，其领会能力、观察学习能力及跟随、模仿的能力都能不断增强，他们更愿意和比自身年长的幼儿在一起游戏；而年长的幼儿与比自己年幼的幼儿一起游戏时，经常采用发音更为简单的语言，其责任感和榜样的作用增强了，谦让和友好的行为增加了。这种大带小、小学大的开放游戏形式，可以弥补独生子女与不同年龄儿童交往的不足，帮助他们学习社会交往的技能，培养他们爱的情感，并促使其将之迁移到同龄伙伴身上，促进其社会性的发展。

打金街幼儿园生活体验馆混龄游戏活动

活动背景：打金街幼儿园的“智慧生活体验馆”是孩子们的乐园，“魔法厨房”“钱多多超市”“嘟嘟警察局”“康康医院”“啦啦美发屋”“娃娃家”“巧手木工坊”在妙趣横生的生活体验馆竞相绽放，让幼儿回归生活，体验不同的生活角色。宽松自由的游戏环境为幼儿创设了与同伴自主游戏的机会，搭建了建立良好同伴关系的平台。在这里，孩子们可以穿着警察服、厨师服等不同职业的服装进行职业扮演的体验游戏；在这里，孩子们可以通过分配角色、加入同伴活动等学习协商、合作、谦让、分享的交往技能。孩子们在快乐中体验，在体验中学习，在学习中全面成长。

活动实录：又到了对我们班开放“小智慧生活体验馆”的时间了，从孩子们的欢呼声中能感受到他们对体验馆的期待。在这里，他们可以自由选择自己喜欢的角色快乐地嬉戏。“啦啦美发屋”迎来了爱美的小女孩：琦琦、妞妞、小娅、雨欣。她们在美发屋里忙碌着，原来今天琦琦要到快乐舞台演出，小伙伴自告奋勇当她的美发师。妞妞问琦琦：“琦琦，你想做一个什么漂亮发型呀？”又跟小娅说：“小娅，你把发型书给琦琦拿来，让她自己选吧！”琦琦一本正经地翻看着孩子们的美照发型书，选了一个芭比公主的发型。妞妞、小娅、雨欣开始分头行动了，妞妞去找芭比假发，小娅去帮琦琦选漂亮的发夹，雨欣则让琦琦躺在躺椅上帮她按摩。突然，妞妞和小娅争吵了起来，原来小娅选粉色的发夹，可妞妞说红色的头花更适合表演。雨欣急忙说：“老师说过，好朋友不能吵架哦，意见不一样的时候可以用商量这个法宝啊！”妞妞红着脸说：“对不起！我太着急了！我们去问问琦琦喜欢粉色的发卡还是红色的头花吧！”琦琦选了粉色的发夹，妞妞帮琦琦戴上了芭比假发，小娅帮琦琦别上了粉色的发夹，雨欣帮琦琦选了一套漂亮的演出服。在小伙伴齐心协力的帮助下，琦琦在快乐舞台上收获了阵阵掌声。

活动反思：“珍视游戏对幼儿成长与发展的价值，努力创设幼儿自主游戏、快乐合作的机会”是课题组的感悟。在自主性游戏活动中，不仅要关注幼儿良好同伴关系的建立，还要让游戏环境的创设能满足幼儿的发展需要，体现层次性，让幼儿在游戏中大胆地操作、积极地展示自我、学习与同伴合作协商，在自主性游戏中获得身心发展。

在平行班互动游戏环境的基础上，打金街幼儿园打破班级界限，使全园所有的空间都成为幼儿游戏的场所，全体幼儿都能满足自己的需要和愿望，拥有自由选择游戏的机会。如幼儿园的生活体验馆，采用了小班和中班、小班和大班、中班和大班、班级自由组合的多种方式进行混龄游戏。

表 2-3　打金街幼儿园生活体验馆游戏安排表

	星期一	星期二	星期三	星期四	星期五
上午	9:30—10:10 中一班、小一班 10:50—11:30 中二班、小二班	9:30—10:10 中三班、小三班 10:50—11:30 中四班、小四班	9:30—10:10 大四班、中四班 10:50—11:30 大二班、中二班	9:30—10:10 大一班、中一班 10:50—11:30 大三班、中三班	9:30—10:10 小一班、小二班 10:50—11:30 小三班、小四班
下午	3:00—3:40 大三班、小三班 3:50—4:30 大四班、小四班	3:00—3:40 大一班、小一班 3:50—4:30 大二班、小二班	3:00—3:40 中三班、中二班 3:50—4:30 中四班、中一班	3:00—3:40 大三班、大四班 3:50—4:30 大二班、大一班	3:00—3:40 自由组合 3:50—4:30 自由组合

（三）创设了全园所有空间都能灵活运用的自主性游戏环境

幼儿自主选择游戏场所和活动内容，可以在与不同的同伴交往中，学习并吸收同伴的经验，扩大交往面，这充分体现了游戏的自主性、独立性。

幼儿园的各个功能室：美术室、阅读室、舞蹈室、多媒体室、生活体验馆、户外各个功能场所每天下午都同时为孩子们开放，充分保障了幼儿自主性游戏的有效开展。

幼儿在与其他幼儿平等相处的环境中才能学会尊重、配合同伴，多层面地体验人际关系，多层面地了解自己的角色，形成自我意识、自我概念，学习与不同的人交往，进而形成责任感、荣誉感和集体意识。在整个环境创设的过程中，教师始终把幼儿放在游戏的主体地位，放手让幼儿以自己的能力去实践与不同环境的交互作用，尽量允许幼儿表达自己的意愿和情感，努力给幼儿一个宽松、愉悦、自由和平等的游戏氛围，激发并促进幼儿在开放的交往中获得情感、情绪的满足和社会性的发展。

成年人回忆起童年最喜欢的地方时，常常会描述让他们小时候感到安全的地方："在楼梯下的一个小壁橱里""在一个大的纸盒子里""在妈妈的衣橱里"……孩子们喜欢背对着坚实的东西蜷缩进一个私人角落，那是一个看世界的避风港。曲线会让孩子们联想到拥抱，相对于直角，孩子们更喜欢有曲线的物品。打金街幼儿园在操场和班级空间里均布置了一些隐秘的空间，如在操场上用接近大自然的实木搭建了“小城堡”，班级教室里用柔软的家具和编织物创造了“私密小空间”。孩子们可以安全、自在地在这些私密的小空间里做自己想做的事情，或安静地待着，或看书，或和好朋友说说悄悄话。当孩子们撤退到这些狭小的空间时，他们往往正在为新的情况做准备，或者正在投入地观察某事物，这对孩子们个人身份认同的发展非常重要。

策略三：有效整合家庭、社区、自然空间资源

一、创设丰富的社会实践游戏活动环境

幼儿既有游戏的天性，又有接触自然的渴望。自然游戏场地中的动植物以及其他多种环境，既可以让幼儿亲近，为幼儿提供与自然互动的机会，又可以给幼儿带来挑战，激发幼儿的冒险欲望。

大自然里随处可见的自然资源，为幼儿提供了丰富多元的游戏材料。自然材料种类多样、低结构性、可移动、便于携带等特点，如树枝、树叶、植物的果实、石头、贝壳、藤蔓等材料，可以供幼儿在游戏中随心所欲地操作探究。

社会实践活动是一种特殊教育活动，是教育教学内容的重要组成部分，也是课堂教学的延伸。教育家陈鹤琴先生提出了“大自然、大社会都是活教材”的教育理念。

打金街幼儿园充分挖掘有效的社区和大自然教育资源，为幼儿创设了更多的游戏机会与平台。真实的社会实践活动为家长、幼儿、教师搭建了交互游戏的平台，让幼儿在“大自然、大社会”中，不断拓展其学习空间，在探索中学习更多知识，既扩展了社会视野，又体验了亲子、师幼、同伴协作的团队精神，最终促进幼儿社会性的发展。

为了挖掘社会实践活动环境对幼儿自主性游戏的有力价值，打金街幼儿园充分运用社区教育资源和大自然这个活教材，在课题研究实验班从小班到大班一共开展了 14 次户外实践拓展活动和亲子研学旅行活动。

国庆节期间开展“拥抱蓝天　放飞梦想”的社会拓展活动，组织师幼一起

走进宜宾市菜坝飞机场，参观军人训练基地，了解武装直升机的内外构造，向军人叔叔学习整理内务等，邀请军人叔叔为孩子们开展国防教育活动，引发孩子们对保家卫国的军人叔叔们的崇敬之情。

三月八日妇女节我们开展了“感恩的心　甜甜的爱”亲子大型游园活动，组织孩子们和爸爸妈妈一起做游戏：套圈、跳房子、滚铁环、打地鼠、跳橡皮筋等，一起重温爸爸妈妈童年的快乐游戏时光；孩子们和爸爸一起亲手制作爱心满满的节日贺卡和鲜花，送给亲爱的妈妈，祝福妈妈永远健康幸福。“妈妈您辛苦啦！”“妈妈，我爱您！”……一句句温馨、稚嫩的话久久回荡在校园里；和爸爸妈妈一起制作蛋糕，把感恩的心、甜甜的爱尽情融化在甜甜蜜蜜的美味蛋糕里。

中国茶文化已有四五千年历史，且长盛不衰，传遍全球。茶是中华民族的举国之饮，茶文化更是中国文化的一朵奇葩！早春时节组织师幼走进茶园，孩子们带着无限的新奇和探究欲望一起走进川茶文化长廊，聆听川茶的悠久历史传承。享采茶神韵：戴上斗笠、挎上茶篓，孩子们也来客串茶乡的采茶姑娘和采茶小伙儿，采下一颗颗嫩绿的茶叶，认识茶叶的形状、颜色、脉络等，学习茶叶的采摘标准，体验劳动的不易，学会珍惜每一份劳动成果，也锻炼耐心和细心。看制茶工艺：不看不知道，原来茶叶要在300℃高温的锅内反复翻炒并反复晾晒才能制成人们平常喝的茶，孩子们还亲手参与了制茶的过程，满手的茶香，真是醉人心脾。茶叶要真正成为人们购买时候的样子，还要经过茶叶工厂的加工，制作、挑选、包装……每一步都不可懈怠。听导游讲制茶的故事，让茶文化的种子埋在孩子们稚嫩的心中。赏茶艺表演：看似简单的泡茶，居然要经历洗器、赏茶、摇茶、滤茶、分茶、敬茶等步骤，茶艺、茶经、茶道中关于茶文化“沉静、持重、守礼”的点滴就在这样的展示中慢慢传递给了孩子们。品茶味芳香：静下来，细细品味一杯亲手制作的热茶，清茶、花茶、黑茶、毛峰茶……齿颊留香，悠悠茶韵，回味无穷。

打金街幼儿园充分整合和有效利用周围的社区环境和自然环境，以多种途径、多种方式开发与利用不同的环境资源，促进幼儿在这些互动有效的环境资源里快乐自主地游戏、全面健康地发展。

社会是孩子最好的学习场所，是最真实、最丰富的学习环境，在各种自然场景中到处都有孩子观察、探索、体验的身影，因此要让幼儿走出园门广泛接触社会的同时，开阔视野、增长见识，获得更多的与人、与环境交往互动的机会，促进其自主性的发展。

二、创设和谐的“家园社区一体化”教育环境

幼儿教育是一项融合家庭、社会、幼儿园教育的系统工程，“家园社区一体化”教育是当今幼儿教育的趋势。《中华人民共和国学前教育法草案（征求意见稿）》提出：“父母或者其他监护人应当依法履行抚养与教育儿童的责任，尊重学前儿童身心发展规律和特点，创设良好家庭环境，科学开展家庭教育。幼儿园应当充分利用家庭、社区教育资源，拓展儿童生活和学习空间。”有效游戏环境的创设过程是幼儿与教师、家长与社区、园内与园外多元参与、共同合作的过程。通过多方合作配合、资源整合，形成家园合力，才能让幼儿园的环境满足当下幼儿发展的需要。

充分发挥社区环境对幼儿的潜在影响作用，以及家庭环境和幼儿园环境对幼儿自主游戏的促进作用，应当做到精神环境和物质环境的双重打造。精神环境的营造是指家长、教师和社会成员应当为幼儿做好礼貌待人、友好交往、互助互爱的表率；物质环境的营造是指家长和教师以及社区工作人员可以通过社区公共环境为幼儿提供自由、宽松、安全的自主游戏空间，通过家长会、家长讲座、家长学校、亲子活动、社区活动，挖掘有益的家庭和社区环境资源。

有效运用现代化信息交流手段，为家长搭建了解和参与幼儿发展的桥梁：创设“宜宾市打金街幼儿园公众号”，让家长随时随地打开公众号就能关注打金街幼儿园教育科研的最新动态；搭建班级微信群、QQ 群、家园联系栏等信息交流平台等，及时沟通和传递教育信息，增进家园互动，提高家教水平；通过家长会、家长开放日、亲子活动等，让家长近距离地走进幼儿园，走近孩子的学习和游戏；组织家长、孩子到社区开展实践活动，有效地运用社区资源。教师与家长应真正成为合作者、支持者，家、园携手形成合力，真正实现“家园社区一体化”教育，促进幼儿更全面、更科学地发展。

打金街幼儿园自 2018 年 3 月加入中央电化教育馆“家园共育”百所数字幼儿园项目以来，在项目办的正确引领和幼儿园领导的高度重视下，幼儿园教师、家长和幼儿都积极行动起来，齐心协力共同做好家园共育工作。幼儿园班

级教师和在园幼儿全部关注“学前在线”和“幼教三六五”微信公众号，班级教师每周二聆听“学前在线”专家讲座，并及时上传学习心得体会，在理论与实践结合下提高自身的教学专业素养和家园共育方法技巧。家长每周五观看专家育儿讲座，积极完成每周亲子作业和日常亲子陪伴，及时上传亲子作业和育儿心得，并在班级群里及时分享学习心得，共同增长科学育儿知识，转变教育观念，提升亲子活动质量，实现家园和谐共育。

幼儿园开展了一系列亲子活动：樊登小读者“亲子阅读进校园”公益活动，从实际出发和家长一起培养孩子阅读的兴趣，要求家长放下动画和游戏，陪孩子畅游书的海洋，让书香浸润孩子纯真的童年。“品一籍书香，赴一场书约”星空下亲子读书活动，引领家长做一个有爱、有温度的阅读好伙伴，通过这场浪漫的书约，让阅读走进每一个家庭，让书籍赋予孩子成长的力量，让书香浸润孩子的快乐童年，让阅读有爱、有梦、有诗、有远方。“春日时光，我们的亲子之约”——丽雅公园亲子趣味游戏活动，将游戏与运动碰撞、游戏与陪伴融合，让孩子们在实现快乐游戏的同时，感受浓浓亲子情的无声浸润。

家长们在“幼教三六五”家园共育平台上，自觉保质、保量地完成亲子作业，有效地进行日常亲子陪伴，不仅增进了亲子情感，更新了家长的育儿观念，提高了他们科学育儿的知识与技能，也促进了孩子各种能力的发展。平台作业统计数据显示，打金街幼儿园每周亲子活动完成率接近100%，并多次在百所示范幼儿园优秀亲子活动中进行展示。

“家园共育”是幼儿教师永恒追求的一门艺术，家长与幼儿园之间教育目标的共同性决定了二者必须合作。幼儿阶段是人生的奠基阶段，而父母是幼儿最初的启蒙教师，在幼儿成长过程中起着主导作用，只有家庭和幼儿园二者相互协调、紧密配合，保持基本一致的教育目标和要求，才能为孩子的未来搭建一座彩虹之桥。

三、创设温馨的节日活动环境

每一个节日其本身就是一个大教育环境。教师要在这特殊的教育环境中激发幼儿对生命的热爱，让幼儿体验到生活的美好，从而引发幼儿对大自然、大社会，对生活中人、事、物的热爱之情。打金街幼儿园充分运用节日活动中的人、事、物，有目的、有计划地组织幼儿亲近自然、了解中国节日习俗与家乡风土人情，陶冶幼儿热爱家乡、热爱祖国的情感，在节日教育中促进幼儿认知、情感及社会性的发展。节日教育依附于幼儿生活环境存在，因此幼儿园利用与创设相适宜的节日游戏环境来加强对幼儿的节日教育。如六一儿童节之“遇见生命的美好”，开学季之“以爱之名、执手相约未来”，母亲节之“星空下的书约”，端午节之“品中华古韵、游民俗乐园”，国庆节之“咏明月颂祖国”，元旦之“红红火火过新年”，等等。

根据皮亚杰理论，幼儿思维尚处于具体运算阶段，他们的思维还要借助于具体事物的支持。所以，幼儿的情感培养也要从与他们直接生活经验有关的具体环境出发。而节日和幼儿的生活息息相关。节日的环境、氛围、庆祝活动是幼儿喜闻乐见的，可让其直接体验、感受、耳濡目染。节日环境所特有的情境性、感染性、实践性、娱乐性能使幼儿在自然、宽松、愉快的氛围中主动参与实践活动。正是节日环境的特殊性使节日教育具备了可接受性，从而能发挥出区别于其他教育途径的教育价值。

策略四：幼儿与环境交互中教师的有效支持策略

研究发现，教师在幼儿与环境的交互过程中，具有不可忽视的重要作用：一是教师为游戏的顺利开展做好准备工作，创设包括幼儿游戏经验、游戏时间、游戏环境的创设、游戏材料的提供等各方面的条件；二是教师有目的地及时观察游戏，了解游戏的发展情况，了解幼儿的游戏水平，及时调整游戏环境的设置和游戏材料的投放；三是教师在幼儿需要时以适当的介入方式参与游戏，引导幼儿合作、分享、协商，提升幼儿的游戏经验，促进幼儿游戏的发展；四是教师根据幼儿与环境的互动情况，通过观察，根据游戏的需要及时调整环境，为后续游戏做好准备。

一、关注

在幼儿自主游戏活动中，教师要给幼儿充足的材料、时间与空间，让幼儿成为游戏真正的主人。要关注幼儿自主游戏的过程而不是结果：创设的主题环境是否符合幼儿当前的主题经验，区域环境是否能激发幼儿的游戏兴趣，投放的材料是否符合幼儿的年龄特征，材料投放的层次、数量是否适合幼儿当前的游戏需要，等等。还要关注游戏中幼儿的表现：幼儿在真实状态下是否专注于自己的游戏活动，游戏规则的遵守，与材料的互动，与同伴的互动，游戏中情绪、心理的表现，等等。

二、观察

通过仔细观察，你可以重新寻找并发现童年的价值和儿童令人称奇的能力，想起做教师的初衷。你能够学会并且兼收各种相互冲突的观念，重新享受与儿童在一起的全部快乐。——德布·柯蒂斯和玛吉·卡特[①]

观察是了解和理解幼儿的基本路径。观察是有目的、有计划、有方向、比较持久的知觉活动。[②]“观”指看、听等感知行为，“察”指分析思考，即观察不只是视觉过程，而是以视觉为主，融其他感觉为一体的综合感知，而且观察包含着积极的思维活动，因此被称为知觉的高级形式。

自主性游戏对幼儿的成长与发展的意义毋庸置疑。教师除了为幼儿创设有效的游戏环境、提供丰富适宜的游戏材料外，还要肩负观察和研究幼儿的责任。观察幼儿是对幼儿教师的专业要求，同时也是幼儿教师的重要工作内容之一。观察，不是随意地看，而是研究幼儿的一种专业方法和专业能力，需要教师通过专业的学习和不断的实践才能获得。

观察是调整游戏环境与游戏材料的重要依据。通过观察，教师能够了解每名儿童是怎样以独一无二的方式表现自己的创造性的，应该提供怎样的适宜材料支持其创造性的发挥。[③]环境和材料是幼儿自主游戏开展的物质基础，对幼儿的游戏有着重要的引发与支持作用。而游戏环境和材料是否适宜，应该如何调整，需要教师通过观察来获得。

教师可以通过观察幼儿与环境的交互情况，观察幼儿与材料的互动情况，

---

①[美]柯蒂斯，等．观察的艺术：观察改变幼儿园教学[M]. 郭琼，等译．南京：南京师范大学出版社，2018.

②董旭花，等．幼儿园自主游戏观察与记录——从游戏故事中发现儿童[M]. 北京：中国轻工业出版社，2015.

③[美]格朗兰德，等．聚焦式观察：儿童观察、评价与课程设计[M]. 梁慧娟，译．北京：教育科学出版社，2017.

分析判断所创设的游戏环境、所投放的游戏材料是否能引起幼儿的关注，持续刺激幼儿的游戏兴趣，激发幼儿的创造力与想象力。

教师可以通过对幼儿游戏状况的关注，针对游戏环境、游戏材料与幼儿人数的适宜性，以及环境、材料与幼儿游戏种类与游戏主题的多样性、丰富性之间的关系进行观察，从而对环境、材料的适宜性作出分析判断，不断调整与完善，促进幼儿更好地开展自主性游戏，发展幼儿的自主性。

例如，沙子的流动性、可塑性的特点蕴藏着无数的游戏契机，它能修“城堡”，能建“长城”等，变化多端，乐趣无限。但经过调查发现，打金街幼儿园沙池的有效利用率并不高，而其中一个重要的原因就是，教师虽然了解玩沙对幼儿的发展有很大的价值，但对于如何组织和指导幼儿玩沙活动还存在较大的困惑。

· 玩沙如何才能更好地发展孩子的自主探索精神？

· 玩沙活动中教师的随机指导到底应该如何介入？

· 投放的玩沙材料是否合适，是否能促进幼儿的发展？

根据以上问题，课题研究组开展“幼儿中班玩沙游戏跟踪分析与实践研修”这一研修项目，了解该年龄段幼儿玩沙游戏的特点，并且为教师对玩沙游戏的各种困惑及时找出相对应的解决方案。

【案例 2-1】中班幼儿户外玩沙游戏观察与分析

观察实录——百变的沙

背景：在开展玩沙活动以来，我们发现，投放的幼儿玩沙游戏材料主要集中在了玩沙的基本工具上。但在观察中我们发现，基本工具的提供只是开展活动的基本条件，由于材料单一，幼儿的兴趣点维持不久，毫无目的地玩沙。那么我们投放材料到底应如何选择，是不是幼儿喜欢的，是不是幼儿感兴趣的，是不是教师随意地投放呢？

实录：今天开展的玩沙活动中，在旁边一直默默无语的彭国青引起了我的注意。只见他很认真地用注射器吸沙，可是，这是海沙，颗粒要比河沙大，注射器是吸不进去的。他一直在努力，反复尝试几次失败后，就直接上手了。他抓起一把海沙就往里塞，塞满了，可依然注射不出来。我拍拍他的头说：“宝贝，是不是在外面就能吸进沙子啊？”他很茫然地点点头，我笑笑说：“沙分为很多种类，它们的粗细是不一样的。我们幼儿园的是海沙，它的颗粒要比河沙的大。所以这个注射器能吸进河沙但是吸不进海沙。”“哦，那我去找一个大大的注射器就能吸进我们幼儿园的海沙了。”“对啊，我们下次就换个大大的针管，看能不能吸进我们幼儿园的沙。”

分析：教育目标隐藏于材料中，让幼儿和材料进行“对话”。我们教师作为观察者与指导者，在随时关注幼儿活动的同时，要适时提出有挑战性的问题，并提供活动进行中所需的材料，让幼儿运用所学的知识动手操作，探索研究，从而有效地建构知识。在这个过程中，幼儿所学的经验和表现出的积极探究的热情，比传统教学中幼儿学到的知识更有效和更有意义。在这次玩沙活动中，该幼儿向我们传递的信息是：河沙和海沙的特点不同，造成不同的材料使用情况不同。我们在孩子的身上发现了幼儿的疑惑，及时抓住了教育契机，这比我们反复教学或者自作主张地投放材料、制造问题要好得多。幼儿通过自己的反复尝试，最终得到结果的证实，这对于孩子来说除了体验到成功的乐趣以外，还有超强的自豪感。

反思：其实只需要一些附件，就可以使玩沙的游戏更加丰富。因此，玩沙游戏中辅助材料的投放是非常重要的。但因为幼儿存在年龄差别，投放的材料必须要循序渐进，由易到难，逐渐提升。选择投放的辅助材料要是幼儿感兴趣的，或者想探究的。教师要及时发现幼儿感兴趣的地方，及时进行教育，对幼儿反馈的信息及时进行梳理，在下次的玩沙活动中，将问题抛向幼儿，相信幼儿得到的是事半功倍的效果。教师要做好观察者，及时抓住幼儿的闪光点进行表扬。玩沙是一个没有止境的活动，它训练的不仅是幼儿的肌肉能力，还有创造力和创新力。以后在组织活动中，应尊重孩子的意愿，顺应孩子发展的需要，同时更应注重观察，适时捕捉孩子活动中出现的问题，伺机而动，将活动进一步发展，寻找“可乘之机”。

观察实录——不一样的工具

背景：由于前期材料的一成不变，孩子们对玩沙没有了以前的热情，且玩沙方法很单一，因此，这次我们让幼儿自主选择材料。在安全的前提下，幼儿可以自己带废旧物品来幼儿园。对此我们是充满了期待的，究竟孩子带来的是什么材料呢？他们用这些材料能在沙池中玩得开心吗？

实录：一到沙池，孩子们就拿出了自己五花八门的工具热火朝天地玩了起来。工具中有废旧的油瓶、水瓶、淋浴头、木板、塑料杯等。几个小女孩围坐在一起，朝几个大小不一的瓶子里装沙，我好奇地凑上去问："你们在玩什么呀？"孩子们一本正经地说："我们在开花店，现在在做花！"而几个小男孩则是当起了大力士，比赛谁能提最多的沙。他们利用自己平常积累的生活经验来丰富自己的玩沙游戏，似乎比以前玩得更开心。

分析：我们首先发现，在活动开展前期，投放的幼儿玩沙游戏材料主要集中在了玩沙的基本工具上，例如铲子、小桶、漏斗等。但在观察中我们发现，由于材料单一，幼儿的兴趣点维持不久，毫无目的地玩沙。在我们变化了玩沙工具后，孩子们的玩法不受任何限制，完全能按照自己的意愿去进行活动，而且孩子们也依靠自己的生活经验使玩沙游戏更加丰富，更加充满趣味。

反思：其实只需要一些附件，就可以使沙的游戏更加丰富。因此，玩沙游戏中辅助材料的投放是非常重要的。通过适当的辅助材料的提供，能够提升幼儿的兴趣，丰富主题情节，引导幼儿"玩"出更高的水平来，说明玩沙材料并不是一成不变的，也并不是无可替代的。不同的材料会让幼儿更放手去玩，更能去发挥、去想象、去交流、去探索。在下一步投放材料时，我们更应该去关注幼儿的兴趣点，及时抓住教育机会，努力让每一次的玩沙活动都成为孩子们的兴趣天堂。

沙是对幼儿进行感官刺激的主要方式。幼儿通过玩沙，运用多种多样的工具和器皿，如铲子、筛子、挖锄、小桶、动物外形的容器等去练习铲、舀、挖、装、塑模、雕刻、堆、叠等各种动作技能。与此同时，沙的质地、重量、黏度使它成为一种千变万化的操作材料，促进了幼儿对沙的特性（如沙粒大小、质地、重量等）的基本认识，为幼儿提供了学习测量及充分进行创造性表达的机会。

游戏环境与材料的价值在于引发和支持幼儿的游戏，这就需要教师站在儿童的视角进行审视与反思。幼儿与环境的有效互动需要教师不断地观察，并根据情况进行有效的指导。教师要有计划的、有目的地进行观察，如观察幼儿在游戏时说了什么，遇到了什么样的困难，遇到困难时是积极地应对还是消极地逃避；观察幼儿喜欢哪些材料，是怎样操作这些材料的，喜欢与谁一起玩，喜欢玩什么主题的游戏等。并在观察表上及时做好观察记录，及时分析整理，以便及时调整游戏环境的创设和游戏材料的投放，提高幼儿与环境的有效互动。教师通过观察看见和发现幼儿真实的兴趣和需要，了解幼儿已有的经验和最近发展区，明确环境和主题课程适宜的走向，并在观察幼儿的过程中找到职业的价值感和幸福感。

三、改善

教师通过对幼儿与环境交互的关注和观察进行分析整理，并根据幼儿游戏需要进行资源替换和资源补给，及时调整和完善游戏环境，促进幼儿与环境的有效互动，促进幼儿主动性、独立性和创造性的发展。

（一）资源替换和补给

幼儿自主游戏的环境资源往往不可能一次性设置合理，还需根据幼儿游戏活动的开展不断加以调整改进，游戏材料的投放和补给也要随活动的需要而不断变化。

“小纸杯大世界”主题建构游戏中，教师提供了纸杯供幼儿自主游戏，一段时间后发现，只用纸杯进行游戏有很大的局限性。遵循游戏材料贴近幼儿生活、拓展创造性、趣味性等投放原则，教师又收集和投放了纸盘、纸筒、积木、扭扭棒、吸管、雪糕棍、瓶盖、一次性叉子、奶粉罐等废旧材料。有了更多的操作材料，孩子们开始认真观察、探究，大胆想象、创造，小组合作积极自主探究纸杯的多种建构玩法。“爱心城堡”“金字塔楼”“纸杯嘉年华”等一个个独特的纸杯建构作品在孩子们的游戏智慧中一一呈现出来。排序、分类、空间、平衡等科学探究也在游戏中有所体现。

单一的玩具材料可能仅有几种有限的玩法，但不同的玩具材料建构组合后，就会有无穷无尽的玩法延伸出来，形成特点不同、复杂程度各异的游戏结构。

（二）教师专业支持

教师将教育的意图有机地渗透在环境中，通过环境对幼儿的影响达到指导的目的，充分发挥标志的暗示作用，运用多质地材料的诱发作用、不同场地布局的互动作用，让渗透在环境中的隐性指导有效地促进幼儿的游戏发展。

研究表明，成人参与幼儿的游戏可以提高幼儿游戏的质量及技巧，何时介入，怎么介入，对幼儿游戏的发展起着重要的作用。通过研究我们发现，介入幼儿游戏的时间，要根据教师观察幼儿需要而定。教师必须先进行观察，在观察的基础上决定是否介入幼儿的游戏，适时地帮助幼儿发展并延伸其游戏，在介入幼儿游戏之前，最好预计其可能的后果是什么。

当幼儿游戏中出现下列几种情形时，教师可以介入幼儿的游戏：环境中产生不安全物理因素时；幼儿在游戏中出现反社会行为时；幼儿遇到技能障碍并经过多次尝试失败时；幼儿并不投入自己安排的想象或虚构的游戏时；幼儿情绪不佳时；幼儿想一再重复自己玩过的情节，或是将游戏延续下去有困难时；受到幼儿邀请时。

而当教师出现以下四种情形之一时，则最好不要介入幼儿的游戏：教师不想与幼儿玩时，教师感觉自己在干扰幼儿时，教师以为介入游戏是一种对幼儿的责任时，教师不能享受到乐趣或有心事或太劳累时。

教师在观察的基础上，遵循年龄适宜性、个人适宜性、时机适宜性、时间适宜性的介入原则。利用“游戏介入法”“材料提供法”“语言指导法”介入幼儿的自主游戏，了解游戏的情况和幼儿的需要，给予有针对性的指导，以提高幼儿自主游戏的水平，促进幼儿自主性的发展。

年龄适宜性原则：相同年龄的幼儿往往具有相似的特征、能力与行为，不同年龄的幼儿往往有不同的核心活动，也有不同的游戏体验。教师应当根据幼儿在某年龄段的典型发展状况，向幼儿提供喜欢的、不同难度的游戏经验和材料。

个人适宜性原则。莫瑞在其“发展适宜性指导”理论中指出，对儿童的适宜性指导应具备年龄适宜性和个体适宜性这两种特性。幼儿群体有共性，但也有个体差异性，教师不能同一化幼儿，也不能刻板地规划幼儿的游戏。教师要尊重幼儿在游戏中的个体性差异，通过观察和评估记住某位幼儿身体、认知、情感、社会和语言等方面的现有水平，要根据当时的情境为幼儿提供差异性的支持。

时机适宜性原则。幼儿在自主游戏时任何事情都有可能发生，教师真正应掌握的技能是知道在何时、如何发现幼儿的学习机会，以及适宜的干预机会。教师在观察、参与幼儿游戏的过程中，能逐渐敏感地感觉到什么时候适宜为幼儿提出新的建议或新的支持，从而减少不必要的干预，以此来促进幼儿的自主游戏。

时间适宜性原则。美国儿科学会认为，大部分的游戏应该是儿童驱动与导向的，而不是成人主导的。游戏从低阶到高阶的发展需要一定的时间，连续而充足的游戏时间能够使幼儿专注地做一件事情，有助于幼儿的发展。幼儿的自主游戏没有最佳的时长，教师应该用其专业的判断去决定幼儿的自主游戏如何安排在活动表中，幼儿是否应该休息，而且要去衡量休息是否会对观察与评估幼儿的情况造成负面影响。

第三章

自主性游戏材料投放策略

第一节　自主性游戏材料观

在幼儿园中，游戏材料是所有一切活动的基础，是教学和幼儿活动中都必不可少的一个物质链接。幼儿通过操作游戏材料，获得新经验以及巩固已知经验，这对幼儿学习品质和自主学习有着极其重要的作用。游戏材料是保障幼儿学习和活动的必需的物质条件，是活动开展的基础，是计划能否执行的重要因素之一。

一、游戏材料的价值性探讨

（一）以材料为载体，提高幼儿游戏的兴趣

如何尊重幼儿游戏的兴趣与需要，将游戏的价值发挥到最大呢？毫无疑问，我们可以利用游戏材料这一“隐形教师”，将游戏的主动权由教师转向幼儿。其实，在实践中我们可以发现，一个活动的成功与教师活动前的准备是离不开的，只有充足有趣的教具，才会引起幼儿极大的兴致。

教师要充分了解幼儿自身的兴趣和需要，帮助幼儿构建一个自主的学习过程，设置具有针对性的教育目标，在材料投放上围绕教育目标，坚持“幼儿为本”，将教育目标隐含于游戏材料中，将幼儿的学习变被动为自主游戏。在此过程中，教师要渐渐学会观察、发现、解读孩子的行为以及行为产生原因；积极主动地同幼儿展开友好合作，共同探讨，为幼儿创设一切可供他们发挥想象力和创造力的空间，鼓励他们与教师一起搜集、设计、开发活动材料；顺应幼儿的意愿，以他们的兴趣需要为基础，满足孩子的发展需求，适当地给予材料支持，从而更加顺畅地助推游戏的进展，让幼儿在游戏中得到能力的提升。

（二）以材料为支持点，促进幼儿多元智能的发展

其实，幼儿在对物质材料进行操作的过程中，不同程度上都涉及了健康、语言、社会、艺术以及科学等领域，简单来说，幼儿在与材料的互动中整个身心都得到了发展。幼儿由于个体差异存在不同的智能发展优势领域，因此，教

师在选择材料的时候一定要注意多元性。要体现材料的多元性、可创造性以及可组合性，同时辅以多种形式的操作任务和活动项目，这样一来，就能够保证能力不同的幼儿都能运用自己的方式探索和学习。因此在活动材料的设计与开发中，教师应注意以幼儿的多元智能发展为目标和导向，让幼儿在与材料的充分互动中发展多元智能。

【案例 3-1】好玩的沙水

材料投放：铲子、水桶、PVC 管及松散材料

案例记录：户外自主游戏时间，孩子们飞速地奔向沙池游戏区，快速地找到自己喜欢的材料和工具，这里一伙，那里一伙，愉快地玩了起来。有的用铲子挖沙、有的用桶提沙，大家忙得不亦乐乎。这时候，刘畅发现旁边放了很多的石头、木板、小草、纸杯等东西，于是大声招呼小朋友们过来，说："看，这些东西怎么放在材料区里面啊？""肯定是拿给我们用的呗！"周柯宇说。"这个怎么玩啊？"小朋友们蹲在一起，泛起了疑惑。"用来做沙堡吧！"旁边的刘晓蓉说道，"你看，用纸杯装满沙再压紧，然后倒出来不就成了一个小城堡了吗？"边说边自己尝试做了起来。小朋友们见状，也兴致勃勃地拿起了纸杯。不一会儿，相同的沙堡都做好了，光秃秃地屹立在沙池中。一个小朋友说："不好看，我要放点小花给它装饰一下。"这时，各种松散材料都被利用了起来，有戴帽子的，有穿小裙的，有插小棍的……原本光秃秃的沙堡立即变得丰富多彩了。另一个小朋友说："太好玩了，太有趣了，下次我还要拿树叶、纸一起来装饰。"

在此过程中，材料充分发挥了其主导作用，幼儿认材料、玩材料，自己创设问题，并由问题导向解决问题，从不知道怎么玩到下次还要玩，通过实践不仅练习了手、眼协调能力，以及手指的灵活程度，发展了身体运动智能，而且通过小组探讨、集体协商，都能积极参与其中。简单的材料充分发挥了它的价值，幼儿在游戏过程中能积极与材料产生互动，增进了对材料的了解，完美地保障了游戏活动的进一步开展。

（三）以材料为导体，激活幼儿行为及发展的潜在功能

其实，自主性游戏从根本上而言就是一次幼儿自主探索与操作的游戏过程。投放幼儿感兴趣的材料，必须将儿童放在主体位置，充分考虑到儿童的身心发展特点。学前幼儿处于具体形象思维阶段，其经验的获取是需要直接操作

来完成的，再加上幼儿的专属特性，如好动、好奇、好玩、好创造，因此决定了教师投放的材料必须是多元化的、便于幼儿操作的，不是简单的摆设。我们发现，常规玩法只可能带动孩子们玩起来，当出现一种或者多种不一样的玩法时，孩子们的注意力才会瞬间被吸引，而且孩子们会进行模仿甚至超越。这一种或多种玩法一般不在老师的玩法的预设中，是幼儿通过个体或者团体自行研究、探索出来的，它表现了幼儿的能力突破，也从另一个方面体现了材料的价值。材料的价值具有可挖掘性，在多次与材料的互动中，幼儿能够发现材料的多种玩法，因此可以说材料对幼儿行为及发展还具有潜在的因人而异的激励作用。仔细解读幼儿利用同种材料的不同玩法，我们就能够欣喜地发现，幼儿在原有玩法基础上能够逐渐形成自创玩法，并且在自创玩法的基础上再往更深层次学习发展，不断形成自我成就感。因此，“一物多玩”不仅体现了幼儿自主性游戏中典型的创造性，也更层次地反映了材料的多元性。一种材料让孩子能够玩起来是易事，难的是在同种材料上突破不同的玩法，此时幼儿在探究中越来越有兴趣，越来越想玩，已经将“接受性学习”向“主动性学习”转变了，并且能遵循自己的内部需要和发展规律，在已有经验的基础上，创造、开发、组合各类活动材料，发明各种不同的玩法，充分发挥材料在自主性游戏中所独有的教育价值。

二、教师材料观的解析

（一）材料的选择首先要从儿童的发展需求出发

1. 细心观察，尊重、支持幼儿

推广的材料不等于人人适宜。材料是促进幼儿发展的载体，是游戏得以顺利开展的保证。目前，自主性游戏的开展在我国幼儿园已较为广泛了，也取得了诸多的研究成果。那么我们把别的幼儿园推行的材料不加选择地用于自己幼儿园的孩子身上，这样行吗？材料的意义与操作性，能得到相同的展现吗？

造成教师投放材料出现误区有以下三种因素：一是认为相同的材料用于相同的年龄段的孩子就应该得到相同的效果；二是见他人的创意很有新意，所以照搬照套；三是认为该材料是原班（以前教过的班级）幼儿十分喜爱玩的，就直接引用于现在班级的幼儿身上。

每一名幼儿都是个体，都是独一无二的。相同的材料并不见得就是同一年龄段的幼儿都喜欢的，也不见得都能发展他们的能力。要为幼儿提供主动学习和自主发展、创造的条件，首先必须站在儿童的角度去看待材料，而不是以教师或者他人的眼光去看待材料。只有适合幼儿的有效材料，才能发挥出价值，帮助孩子获得适宜的成长。

2. 了解个性，给予幼儿多一点理解

在实践中我们不难发现，幼儿一般更喜欢那些能激发他们好奇心，能充分发挥他们想象力和创造力的游戏。给孩子一片纸，他都能根据自己的兴趣和经验随意创造出好几种玩法来，完全凸显了自主性与创新性。而这种自主性与创新性，是幼儿在游戏活动中的一种自然情感的流露，不是刻意的表现。在实践活动中，教师为了凸显这两点，往往会不惜花费精力和物力进行准备，可是预想的结果却经常与现实背道而驰，没有放开自主游戏，达不到自主性游戏的效果。长此以往，幼儿对于游戏材料的热情和利用有效性也会降低甚至会产生排斥，不愿意玩。教师要善于发现孩子的需求，及时把握时机，给予幼儿相对应的帮助，要研读孩子，创造更为丰富的游戏环境，利用材料的独特性，充分激发孩子自发、自主的体验与探究。

要让幼儿主动参与到活动中，主动探索、学习，教师就该对孩子的能力有充分的了解，做到“投其所好”。千万不要因为目标而活动、因为目标而投放材料，要让幼儿可以自由选择“我想玩什么”“和谁一起玩”“玩到什么程度”。游戏的材料、玩伴、方式都按照自己的意愿进行，这样的活动才是“以儿童为本”的自主性游戏活动。

（二）从幼儿最近发展区出发，寻找最适宜的材料

1. 丰富的材料≠越多越好

活动区呈现的是一个个环境、一份份材料，其背后却是教师教育智慧的集中体现。实践中，教师大多会按月更换活动区材料，其中自制材料的比例最高。我们常常看到教师一边抱怨为制作学具花费了大量的时间和精力，一边又无可奈何地继续追求着材料的“多多益善”。然而“多多”就一定“益善”吗？当我们把一份份材料预设成一份份高结构学具时，我们提供给幼儿的其实是一份“立体作业”。幼儿在琳琅满目的材料面前往往不再“激动”。有些教师为了丰富活动区材料，倾其所能，聚其所有，投放的材料可谓五花八门。其

实，多则滥，滥则泛。幼儿注意力具有不稳定性，过多、过杂的材料投放，尽管能吸引幼儿投入活动，但也容易造成幼儿玩得分心，一会儿拿这个玩玩，一会儿拿那个玩玩，只学会了拿起一物—摆弄片刻—丢弃—另换一物。显然这与我们投放材料的初衷是相悖的。

如此“优越”的条件下幼儿居然玩不出什么名堂，我们不禁由衷地感叹起我们的童年来。当年，我们没有什么选择，更无法挑剔好坏，一根绳子就成为我们长时间把玩的玩具，在与小伙伴们的不断探究中，我们创造出了“绳子的百变玩法”：花式跳绳、跳长绳、踩小蛇、拔河、抓绳头、抓尾巴、摩天轮、大力士、开开合合……现在想来，我们收获的不仅是能够对一种材料驾轻就熟地应用，还在千变万化的游戏中收获了智慧和自信。

追求活动区材料共享，不仅有助于每一个幼儿的发展，也能促进教师的共同发展。思量每一份材料背后的价值，有利于弥补教师个体在设计材料时因学科爱好、领域知识、主导意识等方面客观存在差异而产生的不足，以满足所有幼儿的学习需要。

2. 有价值的材料≠越美越好

《幼儿心理学》中有如下描述：“一切鲜明、具体、生动的形象和新异多变的刺激物，都能引起幼儿的注意，因此教育活动中的玩教具必须颜色鲜明，形象生动，新颖多变。”根据这一阐述，我们很容易跟幼儿喜欢玩的“变形金刚”之类昂贵的成品玩具联系在一起，同时会不惜花钱购买一些漂亮的玩具，不惜加班加点制作一些逼真的玩具，投放到活动区中。

精美的材料能吸引幼儿，激发幼儿活动的兴趣，这一点无可非议。然而，我们更应注意材料自身是否会有促进幼儿学习、探究等活动的价值，绝不能仅看其外表。如果只是好看，幼儿拿着玩玩，厌之而后弃之，那么，再精美的玩具又有什么用呢？正如有些教师反映的，自己辛辛苦苦地制作了逼真的包子、漂亮的厨具等，却几乎没有孩子玩，即使有也只是呆坐或机械地摆弄。因为孩子面对这些精美的玩具，无需自己再做什么协商、讨论、创造，只简单地分个角色，全家一起吃个饭就行了。看起来精美的材料，如果不能给孩子提供想象与创造的操作平台，也就失去了材料投放的价值。

事实上，一些其貌不扬的原始材料，如卫生纸筒，在孩子们的手中，可能会是漂亮娃娃或望远镜的制作原材料。例如，在“娃娃家”中，卫生纸筒无需任何装饰或改造，也许就已变成了小电筒、擀面杖或卷发筒等。

由此可见，有价值的材料不等于越美越好。要使投放的材料具有价值，应尽量少提供一些成品材料，多研究开发一些半成品材料或原始材料（如各种纸盒、橡皮泥、废旧毛线等），以及有助于“检验”幼儿想法的材料。

3. 投放了材料≠解放教师

自主性游戏开展后，幼儿手中有材料可自行玩耍、探索了，这使一些教师在观念上产生了误区：自主性游戏就是孩子玩的时间，也是给我们放松的时间。

投放材料后，教师就真的可以袖手旁观了吗？答案是否定的。自主性游戏活动虽然是以幼儿为主的活动，但是教师在活动前、活动中及活动后都具有重要的作用。活动前，要思考我们的材料投放应该从哪些方面进行考量。活动中材料有效价值的体现，又是我们反思的一个地方。活动后，幼儿对材料的评价也是一个新的提供辅助材料的依据。因此，自主性游戏的开展并不是为了解放教师，减少幼儿打闹，而是为了给孩子提供更大的个性发展空间，这也给教师提出了更高的教育素质要求。

（三）注重反馈，及时进行材料管理

在实践教学活动中，为了促进幼儿获得全面的发展，应注重幼儿和教师的反馈，及时进行材料管理，这也是幼儿园游戏材料得以使用的有效对策之一。这样做，不但可以优化教师的教学方案，促使其更加重视幼儿的发展情况，而且有利于鼓励幼儿主动参与到游戏活动中，在快乐游戏的同时，学习和了解一些生活常识，用于解决生活中的小问题和避免一些危险。因此注重幼儿和教师的反馈，及时进行材料管理，对于幼儿的学习也发挥着很重要的作用。

（四）玩具和游戏材料要激发幼儿的游戏动机和深化游戏水平

玩具和游戏材料具有激发和深化幼儿游戏的功能，是开展游戏的重要条件。陈鹤琴指出：“小孩子玩的玩物是要‘活’的，不要‘死’的。所谓‘活’的玩物就是变化很多的，小孩子玩了不容易生厌的；所谓‘死’的玩物，就是呆板的，不会变化的，小孩子一玩就要生厌的。”玩具和材料要具有多元化的目标，最好是低结构材料，能激发幼儿的游戏动机、游戏构思，引起幼儿的联想和行动，具有象征性、可代替性。幼儿对陌生的材料，会想“这是什么？”“我可以怎么玩？”，进而会去探索；面对熟悉的材料，会想“我还能用它干什么？”等。因此，我们要研究用什么材料来引发幼儿的行为，当材料被幼儿熟悉之后，我们还能用什么材料来替代，或用什么方式激励幼儿一物多玩、玩得千变万化等问题。

1. 让材料促使幼幼互动，使学习生动有趣

在自主性游戏活动中，教师既要充分照顾全体幼儿，又要把握最佳的介入时机。这就要求在观察过程中，教师不能扎进某一个区或者专职指导某一个小朋友。教师应该把更多的时间留给幼儿，不能以自己的思想去干扰幼儿的学习进程，破坏幼儿的学习兴趣，要让幼儿与材料进行不同层次的互动。即使出现了问题，也可以鼓励幼儿通过小组或集体讨论解决问题。把更多的时间给予幼儿，当幼儿成为操作材料的人，教师就能将心思更多地放在观察分析幼儿的学习行为上了。

2. 让材料引发幼儿探究，使学习充满挑战

什么样的材料更加适合幼儿进行深入探究，并能够激发其在与材料的互动中进行更深层次的学习呢？在实践中我们发现，空间越大幼儿发展潜力越大，探究兴趣也就越浓。幼儿在渐进的探究中发现或形成问题，通过幼幼或师幼互动解决问题。渐渐地，个别化学习成了幼儿自主研究的载体，而横在教与学之间的这堵“无形”的墙也在幼儿不断攻克各种挑战的过程中逐渐被破除了。

3. 让材料富有变化，使学习具有无限可能

自主性游戏的教育功能主要是通过材料来表现的。因此，必须要让孩子玩起来，材料才不会是摆设，那么怎样才能够让材料对孩子永远都具有吸引力呢？应该让材料永远都富有变化，让孩子永远都具有学习下去的欲望。教师在为幼儿营造了自由、宽松的学习氛围以后，要为幼儿提供富有变化、操作性极强并且具有探究可能的材料，让幼儿更为开放地操作材料，自主制定规则，使幼儿自主思考各种探索的方向和方式，使学习更富有创造性，使个别化学习具有无限可能。

（五）留白是绘画创作中的一种构思，可以创造出“无画处皆成妙境”的艺术境界，给人无穷的想象

如果游戏空间设计也能适当留白，相信会收到意想不到的效果。没有留白的活动是浅层次的，是缺乏自主和自由的，也是乏味的。空间的留白是一种智慧，赋予幼儿更多的选择。

教师在游戏材料投放时，可以根据幼儿的年龄特点，设置一个“材料备用区”，将一些没有固定玩法的材料集中放在备用区供幼儿自主选用，如易拉罐，放在材料备用区任幼儿自由选用，就可以当城墙的建筑材料，可以用胶带绑成梅花桩，在角色游戏中可以当器皿、花瓶等。一物多用，以物代物，可以充分发挥幼儿的想象力和创造性，又能使幼儿体验到成功的喜悦，增强其自信心。备用区的位置可根据幼儿园的实际情况因地制宜地设定。

【案例 3-2】：材料备用区幼儿的自主性游戏

材料投放：垫子、易拉罐、纸筒、光碟、纸箱等

案例记录：大班幼儿游戏时间到了，按照往常，大家自己选择区域开始游戏，童童和嘉嘉逛来逛去好像在选择，可是半天都没有进入区域，大概没有选到自己心仪的区域吧。这时候，童童拉着嘉嘉高兴地朝材料备用区跑去，只见他拿起一张垫子，对嘉嘉说：“来，我们用这个垫子来建军事城堡吧！”“啊？”嘉嘉一脸茫然地望着他。只见童童边解说边动起手来，他把垫子立起来，然后旁边围了一圈纸筒，嘉嘉见状也跟着动起手来，不一会儿就围满了，两个小朋友又把光碟用透明胶粘在了垫子上，童童说：“看，这是我的枪口发射器。”两个小朋友越玩越高兴，越玩越有兴趣。那惬意只有他们自己能体会。他们在剧中扮演原有的角色，但情节、角色语言是他们自由创作的。

第二天的游戏时间一开始，他们就又拿了垫子来到“不是区域的区域”，开始了他们自己的游戏。

三、游戏材料的分类

游戏材料泛指在幼儿游戏活动中，一切可以被用于游戏的材料。

依据游戏材料的构成，游戏材料有如下几种分类情况。

按游戏材料原先的分类：生活中的废旧材料、可利用的零星材料、按需购置的材料。

按游戏材料收集的来源与途径分类：幼儿自己寻找的材料、幼儿家庭成员帮助收集的材料、幼儿教师配备的材料以及幼儿园已有的材料。

按游戏材料的材质分类：纸类、布类、塑料橡胶类、木类、铜铁类、黏合缝制材料类。

按游戏材料的规格分类：可供户外活动的大中型材料，可供制作教具的中

小型材料，可供桌面游戏制作的微小型材料。

按游戏材料的成型情况分类：原材料、半成品材料、成品材料、辅助类材料。

按游戏材料的最终表现分类：游戏操作材料，幼儿制作展示用的材料等。

四、游戏材料的来源

（一）巧妙利用自然资源

教师可以结合幼儿园所在的地域特点投放材料，不管是树枝还是石头，只要投放正确，幼儿就可以玩得起来，玩出新的花样。

（二）来源于日常生活

教师可以收集和使用一些卫生、安全的废旧物品。但是在这之前，我们必须强调的是卫生、安全，所以材料只有经过教师筛查以后，才可以供幼儿使用。比如，包装盒、编织袋、饮料瓶、易拉罐、泡沫板等，收集后要将这些材料进行晾晒，然后进行分类投放，让孩子从小建立一定的环保意识，懂得珍惜身边这些可以重复使用的材料，明白材料选择的多样性。

（三）与他人交换

教师也可以鼓励幼儿与同伴交换使用材料。在交换中不仅提高了幼儿的交往、合作能力，也满足了幼儿大胆想象与创造的欲望。

五、游戏材料的特性

（一）适宜性

幼儿能玩的、想玩的，也喜欢玩的材料都应该具有适宜性，当然，不同年龄段的幼儿对适宜性材料的要求也不尽相同。如小班幼儿的游戏材料需要具有坚固耐用、结构简单、色彩鲜艳、富有感官刺激性的特征。中班幼儿的游戏材料则要在小班的基础上突出材料的可操作性。而大班的游戏材料要在操作性的基础上，增加探索性，因此对材料的要求也越来越高了。

（二）层次性

每个幼儿都是一个个体，这些个体之间难免会存在差异，因此我们允许幼儿以自己适合的方式、速度去游戏、探索，只有这样才能让每个幼儿都体验到快乐。而作为教师，如何才能保证能力不同的幼儿都能够得到不同层次的提高呢？这就需要我们投放的材料具有层次性。比如，中班年龄段的美术活动，最先投放的是一些常规的美术材料，如纸、马克笔、剪刀等，便于幼儿直接操作。过了一段时间又投入了画画的相关材料，后来又直接投入了编织类和粘贴类的材料，让幼儿每一次都有新鲜感，每一次都能全身心投入到活动中。材料的分层次投放给予了孩子不同层次的需求，进一步满足了幼儿的“最近发展区”，也能够保障能力较强的幼儿向更深层次的能力突破。

（三）替代性

随着游戏的开展，我们会发现，同样的材料一直是同样的玩法，很禁锢幼儿的思维发展，幼儿会很快失去对游戏的兴趣。这时教师要启发、诱导，激发幼儿产生使用替代物的愿望和积极性。在产生寻找替代物的愿望以后，幼儿就会在合作和商议中开展替代物的寻找。教师可以巧妙地参与幼儿的协商，鼓励幼儿从材料的形状、颜色出发，引导幼儿观察身边的相似物，使幼儿自行解决。

（四）创造性

不能让幼儿开动脑筋思考并进行创造的动手操作材料，都可以称为不完善的材料。因此，我们在材料的提供上，应密切注意幼儿与材料之间的互动，观察幼儿的反应，看看材料能否引起幼儿的兴趣以及进行创造的欲望。

游戏材料的价值在于幼儿在游戏中的积极表现，我们需要退到幼儿身后解析幼儿行为背后的隐意。幼儿在与材料的不断互动中，获取新的知识、经验，促进能力的发展。因此要让材料真正为幼儿的游戏服务，为幼儿的游戏添砖加瓦，让幼儿在游戏中玩出自己的想法，玩出快乐的经验，玩出知识，玩出丰富的想象。

第二节　自主性游戏材料投放原则

自主性游戏活动，是幼儿在教师准备的环境中进行的自由、自主、自选的活动，是孩子们喜欢的，能满足其个体需要的，促进其个别化发展的活动。游戏材料的投放关系着孩子的游戏兴趣，因此如何投放材料，对于教师来说是一门学问。材料投放的重要性和复杂性体现在：如果教师投放材料不当，不管是多与少还是难与易，都会影响幼儿游戏的正常开展；材料的投放要保证幼儿游戏玩得起来，玩得高兴，玩得有趣。我们都知道每个儿童都有不同的“最近发展区”和参差不齐的能力，如何在投放材料时，考虑到每个儿童的能力水平和分布，以保证不同幼儿的能力都得到发展，是我们都需要思考的问题。

在投放材料上，怎样才能展现材料的最大价值，怎样的材料才能促进、激发幼儿玩的兴趣，让幼儿想玩、能玩并能玩出特色呢？假如幼儿在游戏活动中没有材料可摆弄，无所事事地在各类材料中来回游荡，就等于封住了嘴、绑住了手、蒙住了眼。可见，无原则地投放游戏材料不能收到良好的教育效果，不仅投放的游戏材料不能发挥它的教育作用，幼儿也不能得到任何的发展。因此，自主性游戏材料的投放要遵循以下原则。

一、适用性原则

（一）幼儿的一切游戏材料的选择必须以安全性为前提

材料的安全性是幼儿自主性游戏能够顺利开展的保障。

幼儿园儿童最基本的学习方式是游戏，而组成游戏最基本的内容是材料。如果我们连最基本的材料安全都不能保证，那么何来的游戏，何来的儿童发展呢？

1. 安全材料的定义

安全的材料，首先，必须要符合国家规定的幼儿活动安全指标。其次，还要选择无毒、无味，大小适度、造型合理的游戏材料来组织开展活动。材料的安全性不仅体现在材料的外在，还体现于材料的内在，尤其是一些填充类的玩具。比如，毛绒玩具、沙包等。因此，我们在对材料进行外观安全性的检查之外，还要对游戏材料内在的安全进行管理，定期检查与更换。很多材料在长期的使用过程中，都会出现不同程度的损伤与损坏，比如，建构区的积木棱角坏点露出木刺，“娃娃家”的布偶玩具已经露出里面的内胆，生活区的杯子摔断了一个边沿，等等，这些情况对幼儿的安全都会构成威胁，因此教师必须定期检查，发现有安全隐患的材料，必须马上进行修补与更换。尤其是可以回收利用的玩具，一定要做好再次的消毒与清洁，以免内部细菌的滋生影响到幼儿的身体健康。

【案例 3-3】 沙包散开了

材料投放：各类沙包

案例记录：户外运动时间到了，孩子们欢喜地跑到材料架前，自主选择自己喜欢的游戏材料。欢欢和小蕊跑到了沙包筐前，选择了用沙包进行游戏。他们把沙包在手中传来传去，玩得开心极了。突然，欢欢一个巴掌拍向沙包，只见沙包一下子就“散了架”，里面装的谷物都撒了出来。两个小朋友望着地上的一堆谷物，不知所措。教师立即走上前，询问情况，欢欢委屈地说：“我只是拍了一下，它就坏掉了，我不是故意的。”边说边流下了眼泪。教师仔细观察了一下剩下的沙包，这些沙包制作的时间有点久了，很多都有了小裂缝。教师深深陷入了自责中，于是把所有孩子集中在一起，简短地说了自己的疏忽，然后邀请孩子们一起去寻找其他不安全的游戏材料。

通过这个活动可以看出，幼儿园开展的任何活动都要以幼儿的健康、安全为前提。同样，在自主游戏中，材料的制作和投放，也要将安全性摆在第一位，为幼儿提供材料时，应选择无毒、无味，对幼儿没有任何伤害的材料。

2. 合理选择、提供符合幼儿年龄特点的材料

材料投放时，在保障了安全的前提下，教师还要思考：投放的材料是否适合幼儿操作，大小是否合适等相关问题。幼儿个体之间存在差异，在投放材料时，应从幼儿的能力情况出发，既要投放适应幼儿当前能力发展的材料，让幼儿有归属感，又要投放一些具有一定挑战性的材料，让每个能力段的幼儿都有得玩。让孩子在掌握基本玩法以后，还有空间去挑战高难度，这样的游戏材料投放比千篇一律或者一成不变要有趣很多。教师在投放材料时，一定要把好安

全关，当出现一些可能划伤幼儿的坚硬的东西时，比如，易拉罐、金属制有锐角的包装盒，可以提前用质地柔软的绒布、包装纸、美工纸等进行安全加工与改造。而对于体积过大的材料，比如，大型积木，则要在活动前和幼儿说清楚游戏规则—如何取，如何放，以保障幼儿安全。对于过小的游戏材料，比如，纽扣、珠子、豆子等，教师则可以提前向幼儿讲述此物品如果塞进鼻腔、吸入口腔的危害性，尽量将危险系数降低，保障幼儿的游戏活动安全进行。

（二）坚持材料的多元性和实用性，满足儿童不同需要

幼儿教育活动的素材大多来源于生活，具有一定的操作性和教育性。可供幼儿活动的材料选择非常广泛，不应该局限于成品的教具、玩具，而应该在选择材料时，从它的多元性和实用性考虑。简单地来说，首先，教育者要本着“取材多元、操作方便、耐玩实用、易于推广、促进发展”的原则，开发和利用各种废旧材料，并创造性地制作各种各样新颖独特、操作性强的教具、玩具，提高活动材料的实用价值；其次，教育者要针对不同年龄段和发展特点的儿童，有针对性地开发多元的活动材料，以满足不同儿童的需要。

（三）坚持材料的可变性与可操作性，使材料“活”起来

例如，一些角色区里，如果堆放的都是千篇一律或者一成不变的游戏材料，不管价格有多贵或者外形有多好，都只能在短时间里引起幼儿的兴趣，之后就再也得不到孩子们的关注了。这样选择材料，只是从教师的角度出发，而忽视了幼儿的主观选择性。这样一来，幼儿参与的积极性会大大降低，也减少了动手操作的机会。因此，教师提供给幼儿的材料一定要具有可操作性及可变性，是能够“活”起来的，能够让幼儿在游戏过程中互动起来的。

【案例 3–4】“蛋糕店”的变化

投放材料：仿真的成品蛋糕以及低结构材料

案例记录：角色游戏是小班幼儿比较热衷的一类游戏。在我们班的“蛋糕店”角色游戏中，孩子们刚开始对于颜色鲜艳、形象逼真的一些仿真的成品蛋糕十分感兴趣，每天都愿意过来玩一玩。可是，渐渐地他们的兴趣没有了，每次过来摸一摸、看一看，就又选择其他区域了。从分析来看，当他们的游戏发展到一定水平时，还是一成不变的游戏材料就再也不会引起他们的兴趣了，只会让他们觉得玩起来没有意思，这样一来，“蛋糕店”就成了一个摆设。怎样才能增加游戏的趣味性，让幼儿重新爱上“蛋糕店”呢？我们考虑增加低结

构材料，让幼儿根据自己的角色和情节发展的需要，自主寻找替代材料，打破游戏的固有思维，激发他们创造游戏的欲望。于是，我们投放了橡皮泥、手工纸、蛋糕盒等，继续观察孩子们的游戏活动。

第二天，孩子们先是对投放的材料惊喜不已，然后马上投入到新的游戏活动中。新材料让幼儿的玩法有了多层次的变化，从以前的只能买卖的角色活动变成了可以操作的美术活动，从有限的蛋糕样式变成了丰富的DIY。幼儿在游戏过程中，不断发出笑声、欢呼声、惊叹声。每天都有不一样的游戏场景呈现，使得幼儿的兴趣从未下降。其实从幼儿的活动现状来看，让活动发生变化的是材料的投放，即从固有的材料演变成了灵活多变的材料。适宜的游戏材料能帮助幼儿在游戏中发展创造力，促进幼儿之间的交往，反之，则会造成材料的闲置，使幼儿的游戏活动变得无趣。

二、发展性原则

（一）科学性和教育性相结合，促进幼儿身心健康发展

我们给予幼儿的知识应是正确、科学的，同样，投放的游戏材料也应是科学的，绝对不允许带有唯心主义和宗教迷信色彩，要促使幼儿的身心得到健康的发展。同时还应从幼儿的认知水平出发，根据所在班幼儿的兴趣爱好以及感知的特点投放适宜的游戏材料。

（二）丰富性和层次性相结合，保证不同层次的幼儿都得到发展

在活动中，教师要提供丰富的、可供幼儿选择的材料，这样一来不仅减少了幼儿的消极等待机会，也让幼儿有更多自主选择的机会，降低了争抢材料的概率。教师在提供材料时还应该注意不能提供统一层次的材料。幼儿的能力有高有低，接受能力也是有区别的。有的孩子接受起来很快，在他已经掌握了基本的玩法以后，游戏的材料还是一成不变的话，就会让他觉得毫无挑战性，毫无新鲜感。因此，教师在投放材料时一定要对幼儿的能力情况有一个初步的掌握，这样才能保证每个孩子都能玩起来。教师不但应考虑到不同水平幼儿的需要，还应考虑到游戏设置的教育目标，做到材料提供的层层递进，将材料设置成不同层次，做到材料不同、难易不同，使不同层次的幼儿能够选择到适合自己的游戏材料以及方法进行操作、探索，有效地促进每一个幼儿在原有的基础

上得到发展。

【案例 3-5】好玩的沙水

材料投放：水桶、铲子、纸杯、石头，以及新材料 PVC 管、塑料管

活动过程：沙水时间到了，孩子们兴冲冲地换上雨靴到达材料区选取游戏材料开始活动。这次大家自发讨论要完成一个大型游泳池的制作。孩子们有挖沙的、有用石头建游泳池边缘的。不一会儿，一个大坑就挖好了，要开始灌水了。孩子们有选择用桶单人来回提的，也有两个人合作用木棍一次抬几桶水的，也有用新材料管子进行引水的。大家方法不同，但是都干得兴致勃勃，不一会儿，一个大型游泳池就灌满了水。

（三）情景性与拓展性层层深入，满足幼儿向更高水平发展

情景性材料的投放对于教师而言是极具挑战性的，因为它是幼儿游戏活动的催化剂，是在幼儿原游戏基础上的升华，在保持幼儿游戏兴趣的同时，还能诱发幼儿的主动性，并且能持续强化他们的活动兴趣，让幼儿始终是以一种最佳的情绪状态主动投入、主动参与，获得主动发展。而拓展性则是在情景性的基础上给予幼儿更多自主的机会，让幼儿在兴趣的基础上根据材料解锁出更多专属的玩法，让幼儿玩出自己的玩法、玩出有益的经验、玩出丰富的想象，实现向更高水平发展。

【案例 3-6】“蛋糕店”的变化

材料投放：仿真的成品蛋糕及低结构材料

案例记录：自“蛋糕店”投放了低结构材料以后，生意是越来越好。但是在实际操作过程中，“顾客”对“老板”的服务态度越来越不满了，说“老板”不理他们，也不卖东西给他们。通过观察发现，不是“老板”不卖东西给他们，而是教师提供的材料——橡皮泥等需要长时间的制作才能完成，这才造成了“顾客”对“老板”的误解。的确，“老板”的操作过程比较久和“顾客”急切想得到产生了矛盾，怎么化解这个矛盾呢？首先，我们及时将投放材料进行了调整，增加了一些仿真的蛋糕，减少橡皮泥的数量，提供颜色丰富的丝瓜海绵，并把它们分割成不同大小的圆形、三角形、正方形等形状，还提供了一些仿真水果。

“蛋糕店”的“新品种”一出，立即吸引了大量的“顾客”，大家都围在“蛋糕店”旁，充满疑惑地问：“老板，这些有颜色的东西是什么呢？”西西思考了一下，说：“这个是橙子味的水果蛋糕。”“我要一块。”“我也要一块。”很

快，大家看到“蛋糕店”里推出了新品，都要来试一试，而西西还在精益求精完善自己的产品。她在三角形的丝瓜海绵旁边用橡皮泥搓成小圆做装饰，并尝试用水果做点缀，“蛋糕”做好了。面对越来越多的“顾客”，西西也能轻松面对。

在上面的案例中，丝瓜海绵的投放，不仅解决了“老板”与“顾客”之间的小矛盾，而且简单的搭配组合就能完成“蛋糕”的制作，在一定程度上让“蛋糕店”的生意更火了。新产品的快速推出也增加了幼儿之间的互动，唤起了幼儿更多的生活经验，游戏情节也越来越丰富了。其实角色游戏的发生、发展在很大程度上与情景化环境、形象性材料的诱导有关。因此，在游戏过程中，要根据幼儿游戏发展的需要及幼儿的发展水平，动态地为幼儿提供情景材料，让幼儿在自主游戏中不断推动情景的互动与发展，获得更多的相关经验，从而在情景性的游戏中体现幼儿的创造性与独特性。

（四）针对性和计划性齐发展，促进幼儿经验发展

教师投放活动材料是即兴的吗？当然不是，教师应该有明确的目的，预想的是幼儿在游戏过程中通过材料操作，能够获得什么样的学习品质，在与材料的互动过程中又能获得什么样的经验。教师只有心中有数，对于幼儿的表现才能够有足够的分析。投放与幼儿能力相当的材料，才能够最大限度地发挥材料的价值，才能保证儿童在玩的过程中玩出水平。在此过程中，教师要真正考虑到材料作为游戏的物质载体，是促进幼儿经验发展的关键因素。

小班幼儿没有明确的是非感，认知能力有限，喜欢模仿，手部肌肉发育尚未成熟，对于精细动作的控制能力相对比较弱。针对此情况，在基于幼儿的兴趣和经验的前提下，教师可以为他们提供体积大，便于取放，类别相同的建构材料。

大班幼儿的动手操作能力较强，并且具有良好的认知能力，思维敏捷，因此在提供材料时，需要注重多样性和精密性，以满足他们的探究和自主发展的需求。

（五）双重目标一致，保障幼儿的发展方向

双重目标指的是材料投放目标与教育目标。如何将教师的教育目标蕴含在幼儿的游戏材料中呢？首先，教师要明白为什么投放此游戏材料，想要达成一个什么教育目标。教育目标要基于对当前班级幼儿的能力的了解。其次，应思

考：应一次性投放完还是分层次地投放？不同的投放途径对幼儿的发展有什么不同？最后，还要进行反思：材料投放是否达到了预期教育目标？是禁锢了幼儿的思维，还是拓展了幼儿的思维？

【案例 3-7】古法造纸

材料投放：DIY 纸材料包，其中包含脱水纸浆、搅拌器、网布及网框、勺子等主要操作用具以及颜料、干花、亮片、金粉等装饰材料

案例记录：随着班级主题活动“我是中国人”的开展，我们在活动区域投放了 DIY 纸材料包，支持幼儿在了解古法造纸术后，进行造纸术的实验。我们投放材料的目标是在实验操作中培养幼儿的动手能力、观察能力。幼儿在活动过程中遇到了很多问题：多少脱水纸浆适合做一张纸呢？纸浆里面为什么老是有颗粒呢？晾晒多长时间才能将纸取下呢？幼儿在此过程中有自行探索的，有小组讨论的，在不断的摸索中，孩子们最后都做出了纸。虽然纸面不够细腻，纸张不够整齐，但是面对自己的劳动成果，大家都露出了开心的笑容。

图 3-1　幼儿体验古法造纸活动

幼儿在活动过程中目标很明确，就是利用已有材料造纸。造纸过程中，幼儿遇到了各种各样的问题却没有退缩和放弃，向着成功制造出纸的目标，不断探索、思考、再尝试，最后达成目标。

在此案例中，我们可以看到投放的活动材料具有探究性。教师事先并没有讲述操作方法，幼儿通过看手册，亲手操作，不断探究完成了造纸。

由此可以看出，教育目标在前，材料投放在后。通过材料的投放来实现教育目标。在此过程中，材料无疑是功劳最大的“教师”，是幼儿认知活动的中介和桥梁。将教育目标隐含在投放的游戏材料中，让幼儿在亲手操作的过程中，得到了各方面能力的发展。游戏材料也有效地体现了教育目标。

因此，教师们要及时了解孩子的最近发展区，制定适合的教育目标，做到心中有目标，以目标为依据，有针对性地选择、投放那些与游戏活动有关的材料，并且将材料的功能无限扩大，充分挖掘游戏材料在不同区域中的多种教育作用。一个目标可以通过若干游戏材料的共同作用来实现，一种游戏材料也能为达到多项目标服务。孩子的发展目标与游戏材料的教育功能应一致，教师要有目的地引导孩子进入区域，及时、有目的地更换区域中的游戏材料。

三、创造性原则

教师要尊重幼儿的游戏意愿，满足幼儿游戏的兴趣与需要，让幼儿真正成为游戏的主人。对此，教师的作用就体现在，为幼儿创设游戏环境，提供充分的游戏材料，利用游戏材料的探索性引发幼儿动手、动脑，支持幼儿与活动环境的积极互动，引导幼儿根据自己的兴趣爱好对客观事物进行动手操作和动脑思考，让幼儿逐渐从“单一模式”向“多元整合”发展。

（一）建立“材料超市”，游戏玩法更多元

以往在游戏中，教师会鼓励孩子“一物多玩”，但是受游戏主题的限制，幼儿对单一的材料想出了一两种玩法以后，就没有进行游戏情节的延伸和游戏内容的添加了。幼儿玩了一会儿就会说“我不想玩了”“我玩累了”等话语，投放的游戏材料往往达不到预期的效果，还会使幼儿产生排斥玩游戏的念头。在现在的游戏中，我们基于幼儿游戏的需求来投放材料，建立低结构材料超市，鼓励幼儿自主选择材料，自行设计材料的玩法，可以假想着玩，可以组合

着玩，可以变着花样玩等，想玩什么就玩什么，想怎么玩就怎么玩。孩子的主动性强了，他们就会根据自己的游戏进展需求来增加材料，教师也会给予适时的支持，助推幼儿游戏的进展，让幼儿在动手操作的过程中不断发现和创造新的玩法和事物，激发幼儿对游戏的兴趣。

（二）投放复杂材料，让游戏更具挑战性

在游戏中观察和分析幼儿的游戏行为，探索游戏材料的价值偏向，从而判断幼儿的发展水平，依据其表现，教师投放游戏材料不仅要满足幼儿浅表的兴趣与好奇心，更要关注游戏材料对幼儿发展的挑战性和激发作用，让幼儿在与游戏材料相互作用的过程中，产生心理和行为的积极变化，展现出新的认知水平。此外，教师投放游戏材料要生成更具有挑战性的内容，因人而异地、有针对性地引导幼儿向着更高的水平发展。

【案例 3-8】千变万化的石头

投放材料：石头、棉签

案例记录：教师投放的新材料对孩子来说有新鲜感且让他们敢于尝试。孩子们每天抢着进入美术区用石头作画。但是他们的作品多半是用棉签蘸上颜料给石头涂鸦，而且就是最简单的小花、小草。在平常的绘画过程中，老师会引导孩子将物体画大、画饱满，甚至通过在墙上涂鸦让孩子们感受到画大、画满的乐趣。尽管大班孩子有丰富的画画经验，绘画时线条流畅，但是要想在凹凸不平的石头上画出自己想要的图案还是有一定困难的，有的小朋友直接半途而废，不想再画了。

“石头还可以怎么玩呢？”带着疑问，我们集体欣赏了石头画，通过欣赏，孩子们明白不仅可以用颜料和棉签对石头进行创作，还可以进行石头组合，给石头穿衣服，等等，从而又重新点燃起对石头的兴趣。

大班孩子想象力丰富，当孩子们不满足于眼前的材料时，会自己寻找需要的、合适的材料进行创作。孩子们的想象力、创造力也随着石头绘画游戏的推进不断发展，他们将石头与石头组合、石头同其他材料组合在一起创造出了新的形象。孩子们自发地从家里带来了纸杯、毛线、稻草、橡皮泥、绒球、纸板、铁丝等，做成了童趣十足的小娃娃、背着小房子的蜗牛、创意十足的发射器……这些新的材料，新的玩法也再一次地将游戏推向了一个新的高度。而且每一次看到一种新的材料，孩子们都会想，这个可不可以和石头拼在一起呢？孩子已经将石头和其他材料建立新联系，并且希望创造出更多的新作品。

材料的投放对于幼儿来说，是一次新鲜事物的接受，而设置一定的难度和障碍，增加了趣味性，在此过程中，幼儿的创造力、审美力以及坚持性都得到了很大程度的提高。这对于幼儿的发展是十分有利和必要的，我们应该为幼儿创造机会，让他们能够不断挑战新事物，挑战自我。

（三）玩具材料要激发幼儿的游戏动机并深化其游戏水平

美国贝勒大学的研究者发现，不玩耍、不接触人和物的幼儿，大脑比同龄幼儿小 20% ～ 30%，玩具可以刺激每个神经元多生长 25% 的突触。因此，玩具和游戏材料对幼儿来讲非常重要。在实践中，我们不难发现，幼儿不喜欢一成不变的游戏材料，而是喜欢灵活多变的材料，这样的游戏才算得上是“活”游戏不是“死”游戏，才能让孩子一直保持新鲜感。而在材料投放中，多元和实用的材料更能引起幼儿的游戏兴趣、游戏构思，引起幼儿的联想和行动，也更具有象征性、可替代性。

【案例 3–9】百变滚筒

投放材料：滚筒

案例记录：户外活动时间到了，孩子们来到了滚筒区，有几个小朋友已经钻进了滚筒，开始滚了起来。这时一旁的睿睿说：“不好玩，每天都是滚来滚去的。”另一个小朋友说：“就是，我也觉得很无聊。”这时候，已经在滚筒里的斯斯把滚筒立了起来，说：“哈哈，我们可以来玩‘打地鼠’的游戏，滚筒就是我们的家。”这个提议一出，立刻引起了大家的兴趣，大家纷纷把倒着供钻爬的滚筒立了起来，说：“我也要来，我也要来。”数一数，一共有 10 余只“小地鼠”，谁来当“打地鼠”的呢？由于孩子们是第一次玩这个游戏，都不愿从滚筒里出来，这时，大家都说让老师来当。于是，一场别开生面的“打地鼠”游戏开始了，孩子们的欢笑声不断传来。活动结束以后，大家大汗淋淋地跑到老师跟前说：“哈哈，太好玩了，我们下午还来玩吧！”

合理投放游戏材料，最大限度地发挥材料的价值，能让幼儿的游戏活动得到有效的开展，能保障幼儿各方面的能力提升。当然在材料投放中，教师要遵循幼儿的年龄特点，了解他们的能力、经验，选择适合他们能力发展的游戏材料，最大限度地唤醒幼儿的已有经验，让材料与幼儿互动，让幼儿在与游戏材料的相互作用下获得有益的经验和知识，促进幼儿自主、和谐地发展，使活动发挥其最大的教育功能，彰显其教育价值。

第三节　自主性游戏材料投放技巧

幼儿自主性游戏是将游戏时间、游戏内容、游戏群体等都交给幼儿自主，由幼儿来进行自我选择和自我决定的幼儿活动。其最直接的目的在于让幼儿通过与材料的互动提高认知，并且获取新的知识、经验。在观察实践中我们发现，同样的幼儿、同样的材料总是会玩出不同的水平，其关键在于教师。部分教师认为材料给予幼儿，就由幼儿自由发挥了，也有部分教师在投放材料时会有自己的技巧，比如，创设情境、搭建支架，靠近幼儿“最近发展区”，以观察为基础，投放辅助材料，跨越幼儿“最近发展区”，等等。材料在幼儿教学游戏活动中，起着“无声胜有声”的重要作用。教师要有效利用材料，让幼儿在与材料相互作用的过程中，能够发现问题、探索问题、解决问题。这样投放材料，幼儿获取的学习品质以及学习方式是成人所不能评估的。由于幼儿存在个体差异，其活动的欲望有强弱、兴趣有高低、持续时间有长短、思维发展有差异等，那么如何在自主学习活动的空间里，更好地处理预设与生成、动态与发展之间的关系，进一步满足幼儿的发展需求，增强合作交往、探索发现、体验操作和交流的乐趣？如何尊重幼儿游戏的兴趣与需要，将游戏的价值发挥到最大呢？针对以上问题，可以从以下几点提升教师自主性游戏材料的投放技巧，努力给幼儿提供适宜的材料，以帮助其发展。

一、基于幼儿兴趣需要、发展需要、创造需要进行材料投放

每一名幼儿都是独一无二的个体，其学习方式及学习品质都具有自己的独特性。基于幼儿的立场，就是一切游戏活动要以幼儿的身心发展规律、经验、兴趣、情感为核心，站在幼儿的视角去看待事物，努力为幼儿的主动学习和自主发展创造、提供一切条件和材料，使幼儿在活动中愿意玩、喜欢玩，玩得好、玩出花样，从而获得适宜的成长。

（一）材料设计中尽可能让“不喜欢”的材料创造更多的可能

1.反思“不喜欢”材料现象的客观原因

材料是促进幼儿发展的一种有效手段，是自主性游戏能够顺利开展的保证。如何正确评价材料的意义以及可操作性，主要还是看孩子参与活动是否有积极性和主动性。因此，在自主性游戏过程中，教师要退在孩子身后，观察幼儿的游戏，对投放的材料进行反思与调整。在长期的实践与观察中，我们发现，投放的材料不能引起幼儿兴趣主要有以下几点原因。

（1）材料玩法的重复、单一，是幼儿不想玩的主要原因。单一的材料放在那里，在幼儿掌握了基础玩法以后，材料还是一成不变的，幼儿与材料的互动就会渐渐为零。没有任何创新，反复都是同样的玩法，几次下来幼儿便没有了兴趣。

（2）教师对材料的探究不到位，在投放材料以后就将一切活动交给孩子，让孩子自主去探究，但是当孩子的玩法出现瓶颈时，没有进行及时的指导与帮助，没和孩子一起去探究材料的多种玩法，对材料的功能挖掘不够深入。因此材料放在那里时间一长就成了摆设，这样的材料对于幼儿的思维提升、自主创造没有任何的支持与促进，不能很好地帮助幼儿运用这些材料来发展关键经验。

2.“不喜欢”到“喜欢”的演变过程

（1）重新组合材料，赋予材料新生命。很显然，单一的材料不能满足儿童的创作需求，那么怎么才能让单一的材料重新“活起来”呢？首先要探究材料的功能性。教师在投放基础材料时，首先要充分地考虑幼儿可以做什么，因为只有材料与幼儿互动起来，幼儿的活动才会多样，幼儿获得的经验也才会更加丰富。例如，在简单的户外运动区投放呼啦圈，在幼儿掌握了基本的单、双脚跳跃后，投放常见的生活性材料奶粉罐，将两类材料进行组合游戏。幼儿根据自己的能力和兴趣自主选择材料，在主材料与辅材料组合摆弄过程中，能从新组合中发现新玩法。比如，双脚跳呼啦圈、单脚走奶粉罐，或者钻过呼啦圈，绕过奶粉罐障碍物。这样一来，幼儿与呼啦圈的互动增加了，也对此活动更有兴趣。将材料由“单一”向“组合”突破，可促使幼儿尝试去寻找组合之间的新玩法。

（2）打破价值预设，拓展材料新功能。在自主性游戏活动过程中，教师要重视幼儿成长的需要，分析材料在活动中的位置，及时满足幼儿的喜好，努力靠近孩子的最近发展区；同时也要给予幼儿探索、挑战的机会，突破幼儿现有的水平。这就需要教师拥有敏锐的观察力，思考到底应该投放什么样的材料，应该体现它的什么价值，因此，教师投放的辅助材料必须要有一个明确的指引方向，将成人的固化经验、教师“教”的需要向幼儿“玩”的需要过渡。当幼儿与材料互动时，能利用独特的“全手段”“全感官”学习方式体验材料带来的惊喜，教师要从幼儿整体学习发展的角度来反思材料投放的具体情况以及价值体现，将材料的“单一”向“多变”突破，不断挖掘新的玩法，让幼儿随时都能感受到材料的新鲜感，从而不断刺激幼儿的思维，在幼儿与材料的互动过程中，最大限度地支持和满足幼儿在直接感知、实际操作、亲身体验中获得发展。

在自主性游戏中，教师是学习情境的创设者、幼儿活动的支持者、材料的投放者，能够让幼儿从以往的知识被动接受者转变为主动的意义创造者。教师要适时放手让幼儿自己去玩，自己去探究，自己去验证。教师要以活动观察为基础，观察幼儿在玩什么，是否利用教师投放的材料在玩，如果玩得好，则可以预设幼儿现在或者下一步可能的兴趣点发展方向，及时判断出应该继续给幼儿提供什么样的辅助材料，以达到游戏的顺利延伸；玩得不好，那么教师就必须反思自己的行为，思量自己的材料提供是否适宜，了解幼儿实际行为与教师预设的目标之间的差距，从而调整材料和要求，以顺应幼儿的兴趣和需要，让幼儿在游戏活动中得到能力的发展。

（二）材料设计要满足幼儿的发展需要

自主性游戏材料的投放既要满足不同幼儿的个性需要，又要关注不同年龄段幼儿身心发展的特点。一方面，教师为引导幼儿自发探索、自主学习的行为，必须采用幼儿与材料互动这一有效的教育手段；另一方面，设计好的材料不应该是一成不变的，第一次投放材料以后，教师要观察、记录幼儿对材料的操作情况，仔细分析幼儿的行为和不断产生的心理需求，思考所设计的材料还可以怎么调整和完善，以引导幼儿进一步探索。

（三）从“生活性材料”过渡到“创造性材料”，拓展幼儿的思维

生活性材料在幼儿游戏活动中常被利用。幼儿将收集来的生活性材料，通过充分发挥想象，运用于各类游戏中，来满足创造的欲望。比如，奶粉罐投放在体育区，可以作为梅花桩来训练幼儿的平衡能力；薯片盒投放在超市区，则

可以用来做买卖活动；常见的塑料口袋投放在科探区，可以用来探索空气；简单的核桃壳投放在美工区，则可以变成乌龟的小房子，等等。由此可以看出，“创造性材料”与“生活性材料”其实是息息相关的。教师需要做的是为“生活性材料”做一个简单的指引，让幼儿对两者之间的过渡有个基本的了解。

【案例 3-10】树枝构建活动

投放材料：生活性材料

案例记录：秋天到了，校园里的树枝光秃秃了。在一次游园活动中，两个小朋友为“光秃秃的树枝”是否好看争了起来。小蕊说：“光秃秃的树枝上面什么都没有，太难看了。”家里开服装店的德德马上反驳道：“才不丑呢，光秃秃的树枝涂上五颜六色的颜料可美了，我妈妈的店里就有这个，可好看了。”

针对这个话题，我们开展了“树枝大变身”活动。在活动中，我们以树枝为主材料，同时也提供了彩条、石头、毛线、颜料、刷子、纸杯等辅材料，让孩子们利用材料进行组合，完成美术作品。看着颜色、造型各异的树枝，孩子们都发出了惊呼声：“哇塞，树枝太美了！”

幼儿自主性游戏材料的选择来源于幼儿生活中所熟悉的，并且有已知经验的多类生活材料。教师给幼儿提供了一个无限的探索空间，将生活性材料过渡为创造性材料，让幼儿在此过程中，体验到了成功，拓展了思维，让孩子们的创作激情满满。教师以幼儿的“兴趣”为中心，将材料的功能无限扩展，用直接操作材料对孩子抛过来的问题进行智慧型的回应，促使幼儿在直接操作中，通过与材料、环境、同伴的充分互动，得到自主性和创造性的发展。

二、推动游戏进程

每年 12 月中旬，打金街幼儿园骨干园，李端中心幼儿园都会举行“玩美节”，幼儿园所有场地，包括班级活动室、公共区域、专用活动室与户外环境都被利用起来，整所幼儿园成为不设限的美术乐园。不同班级、不同年龄的幼儿可以自由结伴，自主选择活动场地、操作内容和呈现方式。幼儿在教师创设的各类全开放的空间里，积极选择自己喜欢的材料，自由地表达自己的经历、情绪、感受，形成具有个人意义的独特作品。

在“玩美节”，李端中心幼儿园提供了丰富的低结构材料，以支持幼儿充分感受与表达。丰富，既指数量，又包含种类。教师让幼儿充分感知不同材料的艺术特性，支持他们借助材料将自己的想法表达出来。同时，教师讲求主次，在一次活动中有目的地投放一种或一类主要艺术材料，引导幼儿进行深入探索，获得全方面的发展。

图 3-2　李端中心幼儿园“玩美节”活动

（一）选取主要艺术材料时要关注多重价值

根据每届“玩美节”的核心主题与具体活动内容，兼顾幼儿的生活经验、兴趣需要以及不同的艺术表现形式，确定了各个具体活动的主要操作材料。教师充分开发园内外的资源，挖掘并提供与主题内容相关联的材料，让幼儿充分接触某一类创造性艺术活动材料。

比如，在“完美色彩”主题活动中，教师投入的主要材料有白色纸箱、毛线、颜料、刷子、橡皮泥、滚珠等。在“橘子宝宝”主题活动中，教师投放的材料有橘子皮、树枝、纸筒、麻绳、橡皮泥等。在“遇‘稻’你”主题活动中，教师投放的主要材料有稻穗、毛线、纸盘、麦穗、瓶子、荷叶等。在“原点的旅行”主题活动中，投放的材料有透明膜、彩色玻璃纸、KT 板等。在“花果果”主题活动中，投放的材料有橡皮泥、纸盘、白纸、牛皮纸、卷纸筒、泥巴等。

（a）

（b）

图 3-3　幼儿制作七巧板

（a）

（b）

（c）

（d）

（e）

（f）

（g）

（h）

（i）

（j）

图 3-4　幼儿利用生活材料制作模型与标本

这些主要操作材料不限于传统意义上典型的艺术材料，生活中的各种材料也可以纳入。各类材料的提供极大地拓展了幼儿对美术材料的认知，让幼儿在迁移运用中丰富了对创作的变通性的理解，也感受到了生活中处处有创意，只要用心，任何物品都可以用来进行艺术表达。

（二）投放其他相关材料时要考虑关联性

除了投放主要材料，每个活动区还同时投放其他相关材料，供幼儿进行多元表达。其他相关材料包括在各类创造性艺术活动中必需的纸、笔、颜料、胶水、剪刀等，以及与主要材料有组合或有关联可能的锅碗瓢盆、刀叉筷勺、瓶子罐子、花叶石木、玩具、废旧材料等，且始终在教师的动态调整中发生着变化。比如，当幼儿提出需要某种事先未呈现的材料时，教师会及时调配；当幼儿对某种材料的需求激增时，教师会及时补充。

（三）摆放多种材料时要体现“主次有序”

在摆放方式上，主要材料要设置在活动区幼儿最容易获取的位置，而其他材料则视情况投放在操作区边缘或周边上。所有材料都开放呈现，方便幼儿看到并取用。有序的材料摆放，有利于幼儿产生更清晰与强烈的创作欲望，引发幼儿有目的的创作行为。

（四）分享游戏经验，持续探究材料

教师除了观察幼儿在游戏活动中的自主表现以外，还可以反思怎么投放材料在活动中更有价值。其实最好是从操作者——幼儿的直观感受中得到答案。比如，在游戏后组织孩子讨论：在游戏过程中玩了什么？好玩吗？为什么好玩？为什么不好玩？好玩的游戏还有没有更好玩的玩法？对于不好玩的游戏，又有什么妙招让它变得好玩呢？在师幼互动、幼幼互动的过程中，教师更有深度地认识了真实的幼儿。自主性游戏中的材料是教师通过对幼儿最近发展区的思量以后投放的，包含了教师对幼儿发展目标、价值取向、核心经验等诸多方面的思考，只有让幼儿在游戏中感受到好玩、有趣，才能引起幼儿下一步的自主探索、自由发展，才能够充分体现材料的价值性与教育性。所以，幼儿在进行自主性游戏时，教师要敏锐地观察、记录幼儿当下与材料互动的情景，然后用照片分析、视频回放、动图识别等信息技术，让幼儿围绕自己在操作材料中遇到的困难共同讨论，及时梳理经验，引导幼儿找出可以解决的方法与建议，引发幼儿对材料的支持性研究。

在自主性游戏中，可以看到幼儿的学习能力与学习品质。幼儿在分享中学会了表达、学会了记录、学会了探讨，他们能够自己发现问题、自己提出问题，从而努力自己解决问题，依靠自身的生命力来获得成长。材料的改进正是在幼儿的探讨中逐步完善的，这看似不起眼的材料，正是不断深入和推进幼儿探索和学习的有效活动手段。

三、遵循幼儿身心发展规律，投放适宜的材料，引发幼儿更深层次的学习

自主性游戏本就是以“幼儿为本”，遵循幼儿年龄发展特点，为幼儿提供的一个自发学习、探索的机会，在此过程中教师要善于洞察幼儿行为背后所隐含的意义，做一名“推波助澜”者，利用有效的材料将幼儿引向更深层次的学习发展。

（一）材料的投放要基于幼儿的能力发展

教师在投放材料时应该遵循幼儿的能力发展阶段。材料是幼儿游戏的载体，是幼儿自主性游戏的重要物质支柱，幼儿通过与材料的互动来获得能力发展。不同年龄段的幼儿能力发展不同，同年龄段的幼儿能力也有参差不齐的现象，教师投放材料应该从幼儿的“最近发展区”出发，照顾不同年龄幼儿的能力差异和发展需要，为不同年龄段的幼儿提供对他们来说具有挑战性的游戏活

动，充分发挥幼儿的潜能。

以材料“橡皮泥”为例。在小班年龄段，幼儿的手部精细动作发展不够完善，所以孩子们热衷于搓汤圆、揉面团等；在中班年龄段，幼儿手部精细运动技能的发展有了一定的提高，孩子在简单的搓、揉基础上，能够完成捏、挤、压等动作；在大班年龄段，除了手部精细动作继续发展以外，幼儿能够发散思维，利用橡皮泥进行拓展，比如，用几根头发做成老鼠的胡须。因此在主材料橡皮泥之外，为了保障不同年龄段幼儿的不同能力发展，教师在投放辅助材料的时候就要注意了。比如，小班可以投放辅助材料，如小汤勺、仿真刀、少量蔬菜等，让幼儿有直观的感受；到了中、大班，幼儿的抽象思维逐步加强，则可以投放一些相对应的生活性材料，并且在材料投放的过程中密切观察孩子们对不同游戏材料数量上的要求，减少孩子们之间由于争抢区域材料产生的冲突。

自主性游戏如此受幼儿喜爱，其独特价值就在于“自主”：其一，它没有外在的活动目的，它的目的就是游戏本身的一个体现；其二，它是一个完全遵从幼儿意愿而创设的活动，具有自由性和开放性，幼儿可以自由选择怎么玩、和谁玩；其三，它是一种重过程轻结果的游戏，兴趣、快乐就是游戏的本身意义。因为它的常见性与可贵性，教师在投放材料时才会多加思考。如果教师投放的材料没有梯度，只是单一的材料，那么就可能出现两种情况：一种是能力稍弱的幼儿觉得材料太难了不会玩，于是选择不玩；反之能力稍强的幼儿，因为投放的材料没有挑战性，觉得不好玩而失去了兴趣，同样也会选择不玩。因此，教师在投放材料的时候一定要遵从水平高低投放策略，让幼儿根据自己的能力情况、按照自己的兴趣爱好自主选择材料，让每个孩子都有的玩，能玩起来，玩得有价值。教师要从适合幼儿的“最近发展区”出发，为发展水平不一样的幼儿设计具有不同功能、不同难度的操作活动材料，允许他们从不同的起点、按照不同的要求、不同的发展速度选择材料，以适应不同能力层面的发展需要，同时也要更好地做到因材施教。

水平高低投放策略是指根据幼儿不同的发展水平和个性特点投放不同的材料，以此给予幼儿在游戏中不同的发展机会、条件，使幼儿在原有基础上得到最大限度的发展。教师要关注幼儿在自主性游戏中的表现，根据幼儿不同的发展水平投放相关的材料，以解决不同幼儿在游戏中碰到的问题，保证每个幼儿都有机会体验活动，维持幼儿对游戏的兴趣，支持幼儿游戏的开展。

（二）解读幼儿行为，满足幼儿不同需要

先贤有言“教无定法，因材施教”。幼儿是一个独立的个体，个体之间必定存在差异性。因此在活动中，教师要做到尊重个性，区别对待差异性。同一个班级中的幼儿虽然年龄相同，但是理解能力、动手操作能力、语言表达能力等各方面仍有着不同的发展水平。因此，教师在投放材料时要充分考虑到幼儿的个体差异。即使是同一活动内容，教师也要以适应不同幼儿发展的需要为基础，为年龄相同的幼儿提供难易不同的游戏材料，以适应不同发展水平的幼儿的需要。

表 3-1　不同年龄段幼儿自主性游戏材料有效呈现的要素

小班	中班	大班
趣味性、角色性	合作性、操作性	探究性、拓展性
小班幼儿好奇、好动，语言交往能力、生活自理能力以及动手操作能力相对比较差，思维发展正处于具体形象阶段，直观的图像、直接的动作对促进幼儿发展更具有意义	中班幼儿好奇、好问、好动，活动的兴趣与自主性明显提高，但是自控能力与规则意识尚未真正建立	大班幼儿具有强烈的好奇心与求知欲，认知水平有了很大的提高，有探根究底的愿望，并有较强的坚持性

材料是隐形的老师，是幼儿认识的中介和桥梁。教育目标可以隐含在投放的材料中，渗透在教师所创设的环境中。幼儿一旦进入教师精心创设的环境，在与材料互动的过程中即可获得某方面能力的发展。所以，教师在投放材料时要做到目标在前、选材在后，让材料有效地体现教育目标。教育的目标针对不同能力水平的孩子来说是不一样的。

（三）为不同年龄幼儿提供不同材料

不同年龄段的幼儿，个体发展水平和速度也存在着差异，需要的游戏材料有所不同。如果忽视这种差异就会使有的幼儿“吃不了”，有的幼儿“吃不饱”，因此教师应熟练把握各年龄段幼儿的特点，为其投放适龄的游戏材料，吸引幼儿积极参与游戏。

所谓适龄的材料，是指材料要与幼儿的年龄特点、思维特点、兴趣爱好、发展水平相适宜，能引发幼儿高效的活动、积极的发展。教师在材料的投放上要考虑适龄、有趣、有挑战性、有成就感的材料，这些材料能够调动幼儿参与

活动的热情，增强游戏的挑战性。

表 3-2　自主性游戏：数数

小班	投放材料：一定数量的套圈、贴画的材料。目的：让小班孩子在简单的操作中学习数与量的对应
中班	投放材料：串珠、戒指等材料，不仅在内容上有所增加，操作难度上也有所提高
大班	投放材料：小棍、多米诺骨牌、数字卡片等，供幼儿自主探究数的组合与排列规律等

因此，教师一定要针对不同幼儿的年龄特点，科学地选择和投放游戏材料，充分发挥材料的教育功能，引发幼儿的自主游戏兴趣，强化幼儿的探索意识和创新能力。

在游戏中，幼儿的能力和兴趣往往会随着游戏的进行而不断发生变化。这就要求教师仔细观察幼儿对材料的利用情况，及时对材料进行调整，使材料投放呈动态性，而不是固定性。

1. 删减

如果一种材料的操作要求对幼儿来说已经不具有挑战性或者幼儿对这种材料已经失去了兴趣，教师就应考虑删减一部分材料，让幼儿保持新鲜感，面对新的挑战。

2. 添加

当原材料已经不能满足幼儿的发展水平和兴趣需要，但是材料本身尚有开发和利用的空间，教师则可以策略性地添加新材料，提高操作要求，使原有材料产生新的玩法，引发幼儿新的探索活动，重新激发幼儿的操作兴趣。

四、借助情节推进，投放变通材料

随着游戏主题的深化和情节的发展，幼儿会感到现在的材料不能满足他们的需要了，此时教师要及时调整、变化游戏材料，提出并实践“借助情节推进，投放变通材料”的策略。

当然实施该策略的前提是了解幼儿。教师应该仔细观察、及时了解幼儿当前的兴趣和需要，以及他们在游戏过程中遇到的困难。把握幼儿在认知水平、情感态度方面的个体差异；分析其最近发展区并根据幼儿的发展水平来设计活动投放材料，让幼儿保持适度的新奇，持续地探索、发现游戏的新玩法，不断激发幼儿游戏的兴趣和参与活动的积极性，目的是让幼儿在游戏中觉得有新鲜的玩法、新的发现，有解决问题的新方法，从而提高幼儿游戏的质量。

（一）重组探究游戏材料，推进游戏的发展

除了根据不同游戏的需要更换材料外，还可以对材料进行重组、探究，推进游戏的发展。如美工区的纸筒，幼儿除了在纸筒上画画、涂色以外就再无其他的玩法，同样的材料，反复的玩法，很快就让幼儿对该材料失去了兴趣，渐渐地，纸筒上沾满了灰尘。怎么才能让纸筒散发出新的魅力，吸引幼儿呢？有的教师在美工区投放了各种形状的泡沫球、彩色毛以及勾线笔、毛线等。幼儿在看看、拼拼中，玩出了新花样，幼儿将自己组合成的各种动物，如可爱的猴子、黑白的斑马等拼在一起，说要开个动物园，慢慢地，幼儿的兴趣越来越浓，还有的幼儿创造出了机器人等。这样一来不仅适应了不断变化的动态化的游戏过程，也满足了幼儿不断发展的需要。

（二）互补交换资料，引发游戏的发展

在游戏过程中，由于幼儿与材料直接的相互作用，必要时互补交换材料，才能促进游戏的互动，引发游戏多层次的发展。例如：体育区的轮胎被幼儿用来拼搭成建构区的城堡栅栏；益智区的扣子被用来装饰桌面画；建构区的奶粉罐被用来当作植物区的花盆等。他们这样互补交换材料的过程，增强了彼此间的互动，也使得各自的游戏得以顺利开展。由此可见，游戏中幼儿的互补交换材料，真正能引导游戏的发展，提升幼儿在游戏中的互动能力和游戏水平。

（三）随机补充材料，促进游戏的发展

为了让幼儿对自主性游戏持续保持良好的兴趣，为了支持幼儿的不断尝试和自主发展，随机补充材料显得尤为重要。例如：建构区投放的材料为各种木制积木，刚开始幼儿都十分感兴趣，但是到了后来，由于材料的单一，有部分幼儿便觉得没有新意了，不想再玩了。这时，教师投放进新的材料，比如，纸杯、PVC 管子、鞋盒、奶粉罐等一些低结构的生活材料，瞬间这些材料点燃了孩子们的游戏热情，他们利用这次补充的材料与之前的已有材料进行组合，完成了风格各异的拼搭，有雅致的小院、雄伟的城堡、弯曲的小路等。孩子们利用材料完成了各种造型，变成了一个个小小建筑家。这一个个新的构思促进了自主性游戏的发展，密切了同伴之间的关系，也提高了幼儿的合作能力、创新能力。

这里需要提醒的是材料投放后，教师要观察幼儿的使用情况，反思材料中蕴含的能力要求是否与幼儿的发展水平相适应，并据此对材料进行调整。随着游戏情节的推进，能力较强的幼儿已经开始出现使用替代物的情况。替代物是一种表征行为，从替代物的使用情况与水平可以看出幼儿游戏发展水平的高低。虽然幼儿使用替代物的水平与能力有限，但我们还是能从幼儿使用替代物的行为中解读到幼儿的思维特点与游戏水平。替代物的提供是针对幼儿对原有材料的不满足而设置的，为幼儿提供了再一次自己选择材料的机会和条件，只有这样才能充分发挥材料的重要作用。幼儿本身就是环境中最大的动态因子，不断补充更新材料，才能满足和保持他们渴望活动与操作的兴趣。

五、备用区创设为幼儿提供想象空间

留白是绘画创作中的一种构思，可以创造出无画都能成妙境的艺术境界，给欣赏者无穷的想象空间。如果游戏空间设计也能适当“留白”，相信会收到意想不到的效果。没有“留白”的游戏空间设计是浅层次的，是缺乏自主和自由的，也是乏味的。空间的留白是一种智慧，能赋予儿童更多的选择。

教师在游戏材料投入时，可以根据幼儿年龄特点，设置一个“材料备用区”，将一些没有固定玩法的材料集中放在备用区供幼儿自主选择。一物多用，以物代物，可以充分发挥幼儿的想象力和创造性，又能使幼儿体验成功的喜悦，增强其自信心。备用区的位置应根据幼儿的实际情况因地制宜地设定。

【案例 3-11】

大班幼儿游戏时间到了，按照惯例，大家自己选择区域开始游戏。彤彤和佳佳逛来逛去，好像在选择，大概没有选到自己心仪的游戏材料，两个小朋友去教室的一角拿了两块垫子走到走廊一处，将垫子铺开后两人躺在垫子上，那惬意只有他们自己能体会。开始，他们就海阔天空地聊，聊动画片，聊自己的爸爸，聊着聊着，他们根据故事的内容扮演起了角色，一个扮演大灰狼，一个扮演小红帽，完全沉浸在故事的角色中。只见彤彤一人扮演两个角色，既演小红帽也演外婆，最后把大灰狼赶走了。他们在剧中扮演故事原本的角色，但是情节、语言是他们自由创作的。

第二天的游戏时间一开始，他们就又拿了垫子来到“不是区域的区域”，开始了他们自己的游戏……

空间留白和材料备用区传递给幼儿的信息是他们可以根据情况自主选择、任意走动、大胆创新、团队合作等。

在幼儿园自主性游戏中，教师不仅要关注幼儿的兴趣，还要关注其兴趣的持续。自主性游戏最大的优势在于能为年龄各异、能力各异、兴趣不同的幼儿提供适宜发展、丰富多变的游戏活动。教师需要在活动前对幼儿的能力进行评估，解读孩子行为背后的意义，这样能有效地投放适宜幼儿发展的材料。实践证明，只有适当的材料才能充分调动幼儿的学习积极性，使幼儿在自主探索中获取知识，发展能力。

第四章 自主性区域活动的组织与指导

第一节　自主性建构游戏区活动组织与指导

建构游戏区被誉为“塑造工程师的地方”，是幼儿进行自主性建构游戏的主要场所。在建构游戏区内，幼儿动手动脑、发挥想象，针对不同建构材料进行观察、操作、搭建，创造性地反映现实生活。

一、建构游戏概念

建构游戏，是幼儿利用各种结构材料动手造型，构造物体形象，从而实现对周围现实生活的反映的活动。这种游戏不仅能提高幼儿的动手能力，也能拓展幼儿的思维，对幼儿深层次的学习品质有推波助澜的作用。

二、自主性建构游戏区概念

自主性建构游戏是幼儿运用不同的材料自主确定建构主题，自主选择搭建材料，自主使用材料，自主决定是否需要合作搭建，在搭建过程中能自主解决问题，且能自主调控游戏过程和掌握游戏结果的游戏。创设自主性建构游戏区是帮助幼儿实现自主游戏愿望，推动幼儿自主游戏发展的重要途径之一。

三、自主性建构游戏区的价值

自主性建构游戏是幼儿喜爱的自主性游戏之一。幼儿通过自主摆弄建构区的游戏材料能自主学习形状、大小等认知概念；通过整理建构区游戏材料能自主学习按形状、大小、高矮排序等方式摆放，进一步习得统计与分类等数学认知；通过自主摆弄搭建材料，幼儿的空间思维也能得到提升；在户外自主性建构游戏中，幼儿通过来回搬运游戏材料，肌肉也能得到锻炼；通过与同伴合作搭建，在搭建过程中遇到和同伴意见不一致的时候，能协商解决问题。幼儿在协商、谦让、有序的自主性建构游戏氛围中，能学会分享与合作，尝试开拓与创新，体验成功与失败。幼儿在自主性建构游戏中通过计划、讨论、建构、表达、想象、创造、合作和解决问题等，促进自身身体、认知、社会性和情绪情感的全面发展，实现自身个性的全面发展。

【案例 4–1】信号塔

终于又到了我们班幼儿最喜欢的户外建构时间，今天的主题是“信号塔”。

1，2，3，4 ... 宋浩霆的小推车里一共装了 9 块长方体和 2 块圆柱体积木，他来到自己的“根据地”，快速地将 4 块长方体积木立了起来，当他快要成功地将第 5 块积木立起来的时候，他的信号塔倒了。他没有放弃，马上又开始重新搭建，可是，第二次、第三次都倒塌了。于是，他将两块长方体积木拼在一起，然后把圆柱体积木也放上去，信号塔终于立起来了，但是，塔中间还有一条裂缝，会摇摇晃晃。这时我提醒他，“信号塔”会摇晃是因为最下面的积木不够粗。这一次，他将第三块长方体积木横着放，后面的积木依次横着往上垒，最后放上两个圆柱体积木做塔尖。“宋氏信号塔”终于完工了，宋浩霆开心得又蹦又跳。

分析：积木对幼儿动作技能的提升和空间思维发展有重要意义，在“信号塔”的搭建中，幼儿通过不断的尝试，在其中发现问题、解决问题，最终使“信号塔”从摇摇晃晃到稳定。在游戏过程中，幼儿对积木进行分析，在头脑中进行创造性的构思，促进了其空间能力和空间思维的发展。

四、自主性建构游戏区的创设原则

自主性建构游戏区是支持幼儿自主选择结构材料、自主选择操作方式、自主选择场地、自主选择玩伴、自主选择建构主题的游戏区域。创建自主性建构游戏区须遵循以下原则。

（一）适宜性原则

三维空间能帮助人跳出点、线、面的限制，锻炼立体思维（空间思维）的能力。国外的一项研究表明：3 ～ 8 岁正是培养空间思维的最好时期。国家健康研究所曾针对低龄孩子进行研究，发现人的空间思维能力是可以通过针对性的训练得到提升的。为了以适宜的方式给幼儿提供满足其自主性建构游戏开展的可能性，教师必须“以幼儿为本”，为幼儿创设一个适宜的三维空间环境。比如，在叠高活动中，必须保证幼儿游戏空间的高度。教师创设适宜的三维空间环境，要满足幼儿的健康需求和安全需求，营造一个舒适的环境，在这基础上，通过不同的感官刺激来激发幼儿的兴趣以及对生活中各种事物的关注，使每一寸空间都能为幼儿使用，让每一寸空间都能带给他们惊喜和快乐。

1. 创设适宜的区域环境

自主性建构游戏区域环境蕴含了多种学习契机，创设一个符合幼儿年龄特点、游戏发展水平、兴趣爱好的自主性建构游戏区环境，不仅可以渲染游戏氛围，也可以激发幼儿的游戏热情和愿望，促使幼儿自发、自主地参与游戏，积极思考，交流互动，发挥创造力和想象力，促进幼儿的发展。

（1）以幼儿的视角，创设自主性建构游戏区环境。教师在营造自主性建构游戏区氛围时要站在幼儿的角度，去了解幼儿的真情实感和需求，创设富有童趣的游戏环境，促进幼儿自主性建构游戏的开展，保障幼儿在游戏中发挥独立性、自主性和创造性。根据维果茨基提出的“最近发展区”理论，教师需要时刻从幼儿的角度来审视自主性建构游戏区的创设环境，使环境内容既能满足当下幼儿的兴趣和需求，又能促进幼儿持续发展。

（2）以幼儿为主体，创设自主性建构游戏区墙面环境。自主性建构游戏区背景墙饰能与幼儿进行有效的互动，能够促进幼儿在自主性建构游戏中自主学习和有效发展。墙饰中应展示与幼儿当前游戏搭建内容相关的资料、照片、作品以及幼儿自己设计的平面图。墙饰把幼儿搭建过程中的小故事用图文并茂的方式展示出来，帮助幼儿梳理和提升关键经验。墙饰中设置留白区域，记录幼儿自主解决问题的过程性资料、图片等，便于幼儿总结经验。

班级自主性构建游戏区墙面环境如图 4-1 所示。

（a）　　（b）　　（c）

图 4-1　班级自主性构建游戏区墙面环境

2. 创设适宜的操作环境

自主性建构游戏往往依赖一定的建构技能，幼儿只有掌握必需的建构知识和技能，才能在游戏中充分地体现自己的创造性和主动性。在自主性建构游戏区中，要关注幼儿相关建构经验的拓展，丰富幼儿对生活中物体特征及其结构的认知。比如，可以投放模型、系列图书、有关建筑的绘本和图册等。

（二）安全性原则

自主性建构游戏需要一定的空间。幼儿在进行自主性建构游戏时，会不断地来回取放材料，这也需要有一定的空间做支撑，所以在选择区域的时候，必须要保证地面平整、清洁，满足幼儿自主性搭建的需要。同时，也需要为幼儿创设安全的心理环境。

1. 投放安全的材料

自主性建构游戏区，能实现幼儿最大的自主游戏的权利。由于幼儿自主性建构主题的不同，需要投放的材料种类多、数量多，必须保证材料的安全性。在选择投放的材料时，一定要选择正规厂家生产并出具生产合格证的材料；在选择废旧材料时，必须进行彻底的消毒、清洗后才能投放于游戏区域中。在自主性建构游戏区，小班、中班的幼儿容易将材料放入嘴巴，所以在保证材料无毒的同时，也要做到定期消毒。

2. 创设安全的心理环境

幼儿心理研究的诸多成果表明，幼儿有被别人爱的需要，有成功的需要，有归属集体的需要，有自尊的需要，有摆脱过失感的需要，有克服胆怯的需要，等等。教师应根据幼儿的心理需要合理地创设自主性建构游戏区的环境，这样才能促进幼儿的健康发展。比如，对幼儿应在给予其作品肯定的基础上再鼓励其创新；当幼儿在建构游戏中遇到困难时，教师应积极观察并适时介入指导，引导幼儿克服困难，体验成功的乐趣和自豪感。

（三）合理性原则

自主性建构游戏区材料多，需要的场地大，在布局的时候，要遵循合理性原则。

1. 区域布局

班级自主性建构游戏区的设计是依据班级所在的内部空间环境进行的，幼儿的游戏活动空间必须得到合理安排。教师在布置建构区时要结合“动静结合，干湿分区”的区域规划原则，建构游戏区不宜设置在图书区旁，可以设置在走廊或者是教室的角落，也可以将其设置在角色区旁，让幼儿利用两边的玩具玩“过家家”游戏。由于建构游戏具有连续性，在设置自主性建构游戏区时一定要固定一个位置或者角落，便于保存幼儿未完成的作品，避免来回搬动破坏幼儿作品。

【案例 4–2】照相机倒塌了

班级区域建构游戏开始了，轩轩和元元两个人来到建构区，轩轩提议搭建一个照相机来拍照，元元立马赞同，并动起手来。元元和轩轩首先把自己想要搭建的照相机设计出来，并张贴在墙上，照着设计图进行搭建。他们找来了PVC 管，并根据图纸一根一根地建构起来。在两人的合作下，不一会儿，他们的照相机就快完成了。其他搭建作品的小朋友总是从他们搭建的地方通过，尽管他们努力地把搭建的照相机往旁边挪动，即使大家经过时都很注意，可照相机依然倒塌了。看着垮掉的照相机，两个小朋友又一根根捡起 PVC 管再次进行搭建。可是由于建构区设置在走廊里，小朋友不断地从搭建的地方来回拿材料，导致元元和轩轩搭建的照相机再次倒塌了。

案例中的自主性建构区设置在教室后和过道上，由于过道里人来人往，容易破坏幼儿搭建的物品；同时，建构材料摆放位置也占据了过道很大面积，这样不能满足幼儿自主性建构游戏的开展。因此教师及时调整了建构区域的位置，方便幼儿开展游戏。同时在建构材料和搭建区域划分足够幼儿拿取材料的范围，这样大家就不会相互打扰了。建构区要求教师为幼儿提供足够的空间和材料，以保证幼儿的游戏质量。在设置建构区的时候，教师应该考虑幼儿取放材料是否方便。

鉴于此，教师重新调整了班级区域规划，使得自主性建构游戏区域布局更加合理。

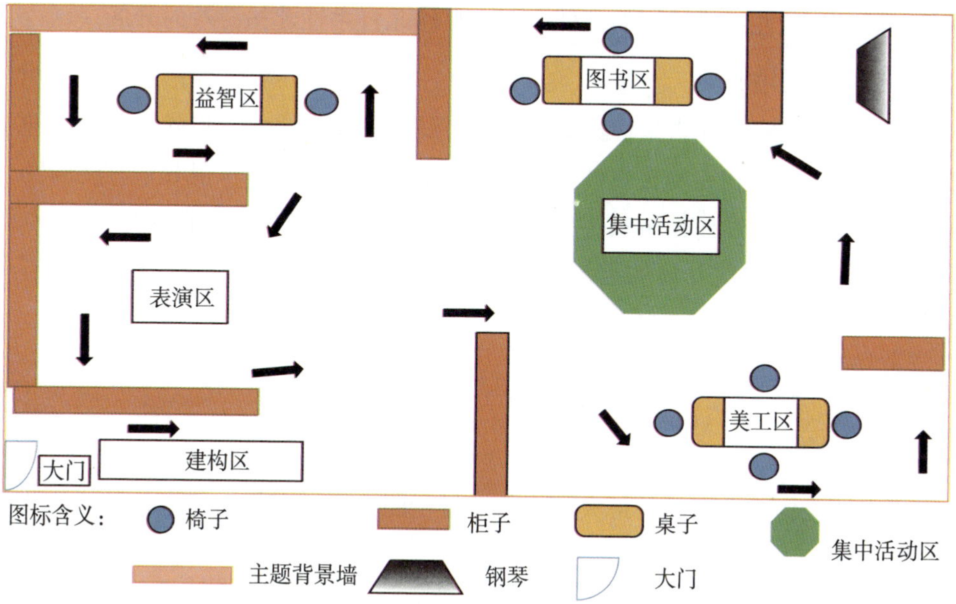

图 4-2　调整前的班级建构区

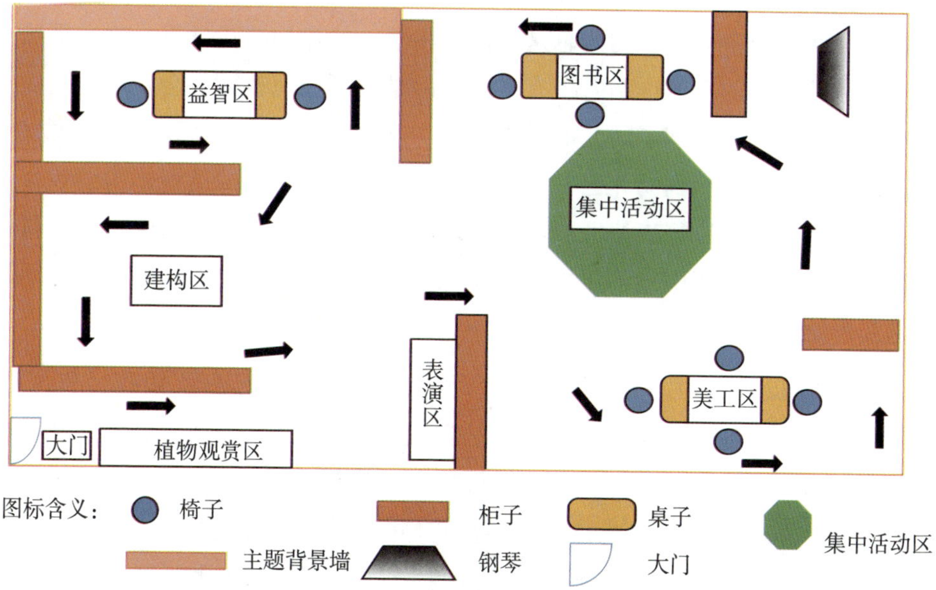

图 4-3　调整后的班级建构区

2. 材料投放

游戏材料是保证幼儿自主游戏的前提，《3—6 岁儿童学习与发展指南》指出，要开展具有创造性的自主性建构游戏，必须根据幼儿年龄特点分层次投放材料，同时为幼儿提供适当的配件，以满足幼儿自主性建构游戏的开展。

（四）发展性原则

教师还应该根据在自主性建构游戏中对幼儿的观察，紧紧追随幼儿的兴趣和需要，不断调整和完善自主性建构游戏区的环境和材料，审视其适宜性和发展性。幼儿的自主性建构游戏不是一成不变的，教师可以根据幼儿的年龄特点以及自主性建构游戏开展的需要重新对班级环境进行规划，梳理材料，适当调整。

五、自主性建构区游戏材料的投放技巧

自主性建构区游戏活动最大的优势莫过于能为不同兴趣、能力各异的幼儿提供丰富多变、适宜其发展的游戏环境，让能力各异的幼儿均能够得到发展。那么在材料投放上是“一刀切”还是有技巧呢？

（一）教师根据幼儿的实际情况，适当对建构游戏材料进行混搭

在自主性建构游戏中，幼儿总是习惯使用单一的建构游戏材料。这样虽然可以玩，搭建出来的东西也是有模有样的，但是，渐渐地教师就会发现，同样的材料，同样的玩法禁锢了幼儿的思维发展，反复几次游戏后幼儿就会失去兴趣。因此，教师在观察到幼儿已掌握基本玩法以后，就要尝试进行建构游戏材料的混搭。例如，可以将表演区、美工区以及操作区的各类材料与建构区材料进行混搭，在混搭过程中，不仅能激发幼儿挑战新事物的愉悦感，还能提高幼儿的创新思维发展。

（二）通过启发、引导，激发幼儿产生使用替代物的愿望和积极性

教师给予的材料其实在有些时候并不能满足幼儿创造的需要，若不能及时补充材料，就需要幼儿就近取材进行材料替换。此时，教师可以引导孩子想想自己构建这些东西，需要一些什么材料，它们分别是什么颜色、什么形状的，与周围的哪些物品相似，可以找哪些物品来替换。比如，在进行“行走独木桥”游戏时，教师提供的木块材料最先被幼儿进行使用，可是用完了所有的木块搭建以后，离目的地都还有一段距离，怎么办呢？幼儿四处查看，看到了美工区的奶粉罐。于是提议用奶粉罐搭建一条路出来，也同样能够到达目的地。木块和奶粉罐的结合在活动中给予了幼儿挑战性，幼儿将两者结合起来，创造

出了新的玩法，也体现了幼儿的创造性。

六、自主性建构游戏的指导策略

（一）创设自由、开放的游戏环境

自由、开放的游戏环境会吸引幼儿主动参与自主性建构游戏，是游戏开展的重要基础，在这样的环境中，幼儿可以自己决定玩什么、怎么玩、在哪里玩，如此更有助于幼儿想象力和创造力的发挥。

幼儿自主性建构游戏主题、方式以及游戏情节的发展与室内外的空间布局有着密切的关系。规划合理的物理空间是自主性建构游戏的保障，直接影响到空间利用的有效性、幼儿游戏的状态以及在游戏中能获得的发展。

在进行室内室外自主性建构游戏区区域布局时，必须要保证幼儿有足够的游戏空间。幼儿活动空间不足，可能会导致幼儿出现攻击性行为、注意力分散等问题。根据《四川省幼儿园装备规范》的指导：游戏所需要的场地面积根据幼儿的年龄和人数决定，室内人均理想占地面积为 2.32 平方米，室外人均理想占地面积为 4 平方米，教师在规划自主性建构区时可以将其作为参考依据。

室外自主性建构游戏区应设置在户外宽阔、平整的地面，使材料柜距离游戏场地较近，方便幼儿取放材料，且户外游戏区域的大小根据幼儿自主搭建的主题来确定。

（二）提供开放、多元的游戏材料

材料是幼儿开展自主性建构游戏的重要物质基础。幼儿的年龄特点决定了教师应该为他们提供多元的游戏材料。幼儿以直觉行动思维和具体形象思维为主，他们通过直接感知、实际操作和亲身体验而获得发展。多样的建构材料会引发幼儿丰富多彩的建构游戏活动，并直接影响幼儿的游戏水平。教师在投放材料时，要顺应幼儿年龄发展的特点。

1. 小班自主性建构游戏区

3～4 岁幼儿处于直觉行动思维阶段，他们对各种建构材料充满了好奇。但他们在搭建活动时没有目的性，而是满足于各种搭建材料的摆弄和操作。在搬来搬去、搭来搭去的不断尝试过程中感知空间方位，并锻炼手、眼的协调和小肌肉的运动能力。

表 4-1　小班自主性建构游戏区材料配备参考表

类别	材料	图例	备注
积木	彩色空心积木、泡沫积木、小型积木	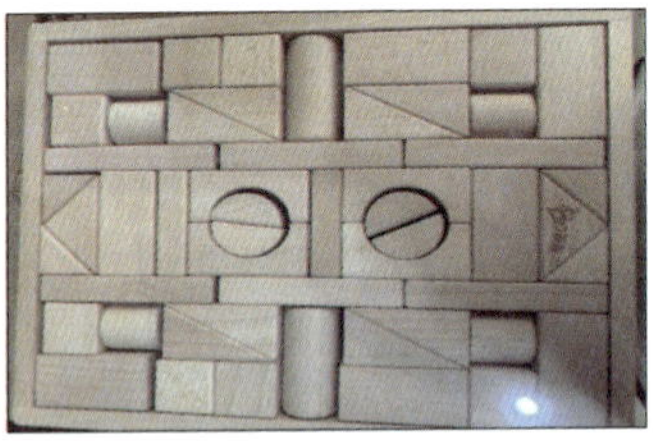	小型积木应在 25 块以内，便于桌面操作
积塑材料	旋接类、插接类、嵌接类、叠接类		
模型玩具	人物、动物、植物、车辆、房屋等		
废旧材料	塑料瓶、易拉罐、纸杯、纸盒、包装纸袋等		

2. 中班自主性建构游戏区

4～5 岁的幼儿对于各种搭建材料已经比较熟悉，而且具有一定搭建物体的经验。他们开始有意识地搭建某种物品或场景，并在搭建中表现出一定的想象和创意的能力。同时，他们也非常愿意尝试用不同的东西进行搭建，开始有了一定的合作搭建意识，在搭建活动中能反映简单的主题并能尝试运用一些辅助材料。

表 4-2　中班自主性建构游戏区材料配备参考表

类别	材料	图例	备注
积木	中大型、本色实心积木，中大型彩色空心积木，塑胶积木（或城堡型）任选 2 种		
积塑材料	组装类、插接类、嵌接类、磁接类、叠接类、扣接类等（任选 2 种）	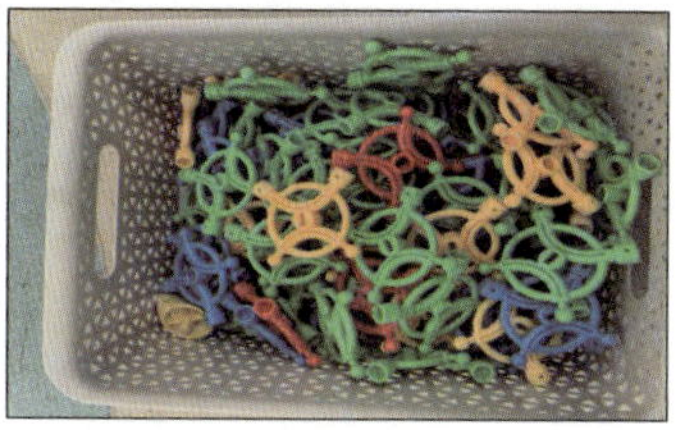	
模型玩具	花草、树木、路灯、汽车、路标等		积塑类材料应是便于清洗的，组装类的积塑材料应选择边缘光滑的
辅助材料	包装箱、塑料瓶、易拉罐、各种瓶子等，相关建构图例、图例展板、建构手册等		
工具	夹子、纸、线、绳、胶水等		

3. 大班自主性建构游戏区

5～6岁的幼儿常常表现出令人吃惊的搭建能力，他们灵活地运用各种材料去创造性地表现生活和对于某种物品或形象的喜爱。在搭建活动中，他们比小班和中班的幼儿表现出更加长久的专注与坚持，能够自己独立或在成人、同伴的帮助下解决搭建过程中遇到的各种问题，并有较强的合作搭建意识，能够与同伴一起去表现一个更为壮观、更为复杂的主题场景。

表 4-3　大班自主性建构游戏区材料配备参考表

类别	材料	图例
积木	大中小型实心积木、塑胶积木（插管型）、混合积木、多米诺积木等	
积塑材料	插接类、嵌接类、轨接类、扣接类、齿轮类、组装类（含工具）	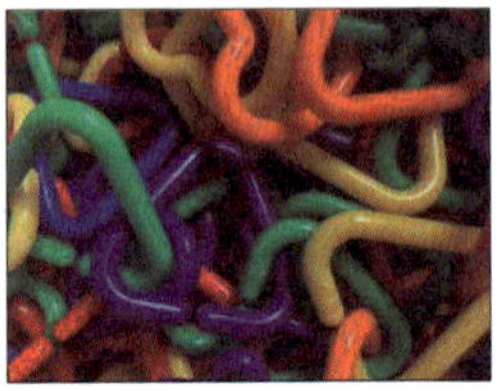
模型玩具	各式模型玩具	
辅助材料	软木板、有机玻璃板、塑料板、硬纸板等	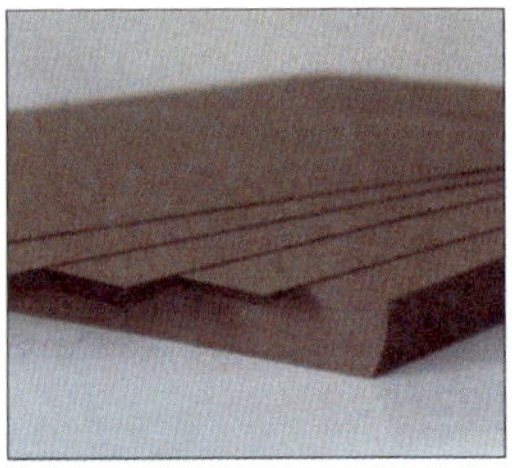

续表

类别	材料	图例
工具	桶、铲、罐、勺、锯、螺丝刀、钳子、锤子等	
废旧材料	各式塑料袋、布、纸盒、纸箱、空心管等	
连接材料	纸、线、绳、黏合剂、夹子、书钉、铁丝等	

（三）保障充足且有弹性的游戏时间

游戏时间对幼儿自主性建构游戏有着重要的影响，充足且有弹性的游戏时间是幼儿能够持续、深入开展自主性建构游戏的前提条件。

游戏是促进幼儿认知、社会性、情绪情感和身体等各方面发展的最佳途径，幼儿每天应保证有一个小时不间断的自主性建构游戏时间。充足、连续的游戏时间是保证幼儿真正投入和享受游戏的重要条件，有助于幼儿有足够的时间进行游戏准备、发展游戏内容，确保游戏的连续性、完整性和复杂性。在幼儿自主性建构游戏中，当幼儿兴趣较高时，教师很难立刻结束游戏，因此在对其他环节不会造成太大影响的前提下，教师可以灵活地调整游戏时间。

（四）自主性建构区游戏的组织方式

自主性建构游戏是幼儿自由、自主、自发地建构主题的游戏活动。它分为户外大型自主性建构游戏和班级自主性建构游戏。自主性建构游戏充分尊重幼儿的主体地位，强调建构游戏的生成，提倡给幼儿更大的发挥空间。组织幼儿自主性建构游戏时应从以下两点出发。

1. 充足的游戏时间，保障自主性建构游戏的开展

幼儿自主性建构游戏的开展质量与游戏的时间长短有密切的关系，充足的游戏时间，会激发幼儿对游戏的兴趣，从而使幼儿获得游戏经验。

表 4-4　自主性建构游戏的时间安排表

类型	开展时间	场地	游戏时长	每周次数
户外大型自主性建构游戏	每周二、三、四下午	幼儿园前操场	60 分钟	3 ～ 4 次
班级区域自主性建构游戏	班级区域游戏时间	班级教室	60 分钟	4 ～ 5 次

2. 自主的游戏环节，提升自主性建构游戏的经验

在自主性建构游戏的开展中，幼儿是游戏的主角，玩什么游戏他们说了算，是否在游戏中自由结伴、想怎么玩由他们自己决定，更多的玩法也由孩子自己来设计和创造。教师组织自主性建构游戏，可以在引导孩子确定主题后，通过观察，结合幼儿自己评价等方式来提升孩子的自主性建构游戏水平。

教师组织自主性建构游戏的程序：

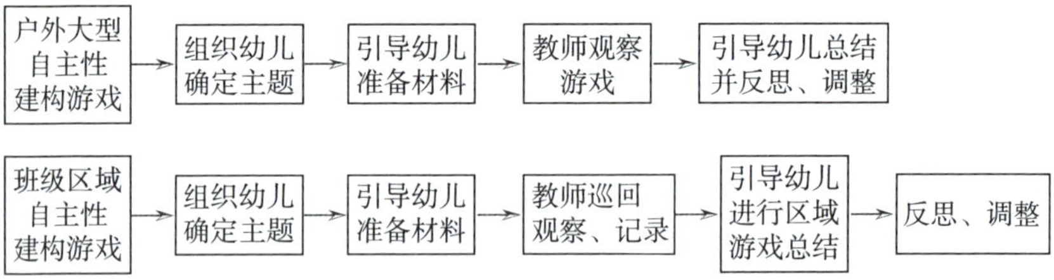

（五）教师在自主性建构游戏中的角色

在幼儿进行自主性建构游戏的过程中，教师要管住自己的嘴和手，静静地观察幼儿，再通过对幼儿游戏活动的分析，发现幼儿的建构能力和学习发展情况。

1. 教师是自主性建构游戏的支持者

幼儿在自主性建构游戏中是自由的、自主的，当幼儿邀请老师参与游戏，给教师分配角色任务时，教师要服从幼儿的安排，以孩子的身份与幼儿共同游戏，成为孩子自主性建构游戏的合作者。这样，孩子在游戏中能感受到教师的

支持和鼓励，就会更加乐于游戏，同时也有助于教师深入了解幼儿，有针对性地给予幼儿指导。

【案例 4-3】小马

班上开展了主题活动“动物朋友”后，小朋友都有了自己喜欢的动物。在户外建构游戏区，小朋友选择了自己喜欢的小动物进行搭建。磊磊和烨柏找来了正方体和圆柱体积木，搭建小动物。他们首先搭建的是小动物的身体，浩浩和烨柏想搭建小马，但他们被如何选择积木做小马的腿和背给难住了，这时，磊磊见教师在旁边，主动走过来问教师是否愿意加入他们。教师果断地答应了。在游戏过程中，教师提醒他们回忆小马的外形，并拿来积木摆弄，帮助他们获得灵感，最终小马在孩子们的努力下搭建完成。

（a）　（b）

图 4-4　幼儿用积木搭建小马

2. 教师是自主性建构游戏的观察者

观察是了解和理解幼儿的基本途径，也是教师介入指导的重要前提。只有认真、细致地观察，才能发现幼儿在游戏中遇到的问题与困难，为及时、有效地介入做准备。

在自主性建构游戏过程中，教师观察的内容有以下几点。

（1）幼儿自主性建构游戏的主题与情节，例如，幼儿的游戏偏好、幼儿热衷的游戏情节与主要玩法等。

（2）幼儿与环境、建构材料的互动状态，例如，哪些建构材料能引起幼儿的游戏兴趣，材料的投放是否有问题，游戏的空间是否合适等。

（3）幼儿的社会性水平，例如，幼儿在搭建过程中的规则意识、幼儿的合作与交往行为、问题的产生与解决等。

（4）幼儿具体的游戏行为，例如，幼儿在游戏中说了什么、做了什么等。

教师应该这样进行观察。一是全面观察与重点观察相结合。在游戏之初或者当教师想要了解全班幼儿对游戏主题的兴趣时，可以采用全面观察法；当教师想要捕捉幼儿在游戏中的亮点，寻找问题焦点或某一类典型行为时，可以采用重点观察法。二是定点观察与跟踪观察相结合。当教师想要了解幼儿在某一游戏区域的表现时，可以采用定点观察法；当教师需要深入了解某一个幼儿的行为时，可以采用跟踪观察法。

3. 教师是自主性建构游戏的指导者

自主性建构游戏是以幼儿为主体的游戏，教师应充分尊重幼儿的自主性，不过多干涉，以使游戏的自主精神得到体现，但这不是说所有的自主性建构游戏都不需要教师的介入指导。因为认知行为能力有限，在游戏过程中，幼儿会遇到各种问题，例如，建构能力不足、不能与人合作、违反规则、难以将游戏进行下去等，这时候教师及时有效的介入指导就成为推动游戏发展的重要力量。

教师必须在观察的基础上，准确把握幼儿表现出来的行为，判断是否需要介入游戏，以何种方式介入合适，确保时机恰当、方式适用。

当幼儿在游戏中出现下列情况时，教师可以介入幼儿的游戏。

（1）当幼儿不投入游戏活动时，例如，不停地转换活动、独自游荡或旁观。

（2）当幼儿严重违反游戏规则或有安全隐患时，例如，在搭建过程中，某幼儿故意将建构材料随意乱扔，破外同伴的搭建成果。

（3）当幼儿难以与同伴合作时，例如，争抢建构材料，有问题僵持不下。

（4）当幼儿一再重复简单的游戏情节时。

（5）当幼儿难以将游戏进行下去或出现沮丧情绪时。

（6）当幼儿向教师发出求救信号时。

【案例 4-4】路线

在自主游戏时，建构区的幼儿开始搭建“上学路线”这一主题。浩然和帅帅率先来到建构区，浩然领着帅帅很快找来了长条积木开始搭建上学路线。不一会儿他们就搭建出来一条路线。但是在搭建过程中，帅帅对浩然搭建的平面转盘和桥产生了质疑，并提出“平平的就是路，桥除了有一个面还有桥墩”。两人僵持不下，浩然来找到教师，让教师评理。教师给他们看了中坝桥的图片，孩子们认识到了桥体的组成，于是他们两个又重新设计了中坝桥的设计图，完成设计图后大家分工合作终于完成了中坝桥的搭建。

图 4-5　幼儿用积木搭建中坝桥

第二节　自主性图书区活动组织与指导

图书区作为幼儿早期的阅读环境，有着不可忽视的作用。图书区中的阅读活动，能有效培养幼儿的阅读兴趣和良好的阅读习惯。

一、图书区的概念

图书区是指幼儿能够开展自主阅读活动的区域。图书区活动是幼儿自主阅读，培养阅读兴趣、阅读习惯和阅读能力的有效形式，以听、说、读、写为活动线索，可以促进幼儿口头和书面语言的发展。

二、自主性图书区的概念

自主性图书区是指幼儿在图书区中根据自己的兴趣和需要，自由选择图书进行阅读、积极主动地自发交流阅读过程中的发现或者阅读体会的区域，可促进幼儿自主阅读兴趣和良好自主阅读习惯的养成。

三、自主性图书区的价值

在自主性图书区中，幼儿能自主选择图书，提高对图书的兴趣，进而提升阅读兴趣，爱上阅读。幼儿在自主阅读中有三个阶段：第一个阶段，知道书要一页一页地翻看；第二个阶段，能理解一页画面；第三个阶段，能将页与页之间的内容进行联系。这三个阶段可提高幼儿的阅读能力，发展幼儿的语言表达能力，丰富幼儿的知识，进而开发幼儿的智力。

幼儿在自主性图书区域内自主选择、自由讨论，自主制定并遵守区域规则，能进一步培养规则意识，学会自我约束。

幼儿在自主性图书区中，主动与同伴交流分享，友好交往的意识逐渐增强，在活动中分享、合作、关心、谦让等社会行为也逐渐往高水平发展，提升了交往技能，培养了自信心。

四、自主性图书区的创设原则

（一）发展适宜性原则

自主性图书区的创设要与幼儿身心发展的特点相适宜，活动材料也要符合幼儿的年龄特征。根据幼儿的不同年龄特征，小班幼儿阅读的图书要画面简单，颜色丰富鲜艳，以家庭生活、幼儿园的生活，以及小动物的内容为主；中班幼儿可以阅读一些有关日常生活和人物方面的图书；大班幼儿可以阅读配有简单文字的图书，图书内容的科学性有所增加。

【案例 4-5】好饿的小蛇

天天看见教师与几个小朋友在阅读区读书，也走了进来，直接拿起自己带来的《好饿的小蛇》看了起来。她随手翻到一页，高声说："小蛇。"教师问她："哪个是小蛇？"她指着图笑着又说了一遍，并且还指着小蛇旁边的红苹果，说："苹果。"教师又问："苹果是什么样子的？"天天边用手比画着圆形的样子边说道："圆圆的。"教师表扬她回答得好。她很高兴，又翻到其他页，大声地讲自己知道的东西。

《好饿的小蛇》这本书画面简单、颜色鲜艳、配图有趣，符合小班幼儿的年龄特征与身心发展的特点。

（二）开放性原则

自主性图书区的创设要将区域内的环境有机结合起来，做到动静结合。区域空间开放，如可以将图书区划分为阅读区、书写活动区、听力活动区和故事大王区。在阅读区中投放充足的书，配套的道具（贴绒板、木偶、与故事相关的道具、特别的服饰等）；在书写活动区中投放书写材料、工具、桌椅、临时书写工具（沙板、白板或黑板）、电脑及打印张贴设备、自制书等；在听力活动区中投放录音设备、配套的书与磁碟等；在故事大王区投放金话筒、服饰等材料支持幼儿讲故事。

区域时间开放，让幼儿可以自主选择阅读时间以及阅读时长。图书区创设后应该是开放式的，允许幼儿在自由活动的任意时间进入区域阅读，随时可取放图书、翻阅图书，使图书区成为幼儿经常光顾的地方，确保幼儿有充分的时间和足够的空间参与图书区的活动。

【案例 4-6】故事大王

在图书区，教师新增了“故事大王”的内容，孩子们都觉得很新奇。教师在里面投放了几本看图说话、小青蛙故事报。乐乐来到图书区，拿出了一张图片，看了很久，又拿出其余图片开始一张张地翻阅……见到孩子漫无目的地摆弄图片，教师轻轻地走到了她的身边说：“乐乐，这些图片好看吗？”“好看，可是我不知道该怎么编。”乐乐哭丧着脸说。教师对她说：“其实很简单，先选一张图片，看看图片上有谁？它们在干什么？”“有蝴蝶和蜜蜂，它们在……”见到乐乐声音越说越小，教师又说：“别怕，把你想到的说出来，春天来了，蝴蝶和蜜蜂出来采蜜了，又来了个动物朋友，是谁？”“小兔子。”教师问道：“兔子在干什么？”“它在伸懒腰，它想……”在教师的引导下，乐乐开始滔滔不绝地编起了故事。

（三）舒适性原则

自主性图书区的创设要有一定的软垫设施，例如，地毯、坐垫、靠枕、靠背等一系列可供幼儿自主选择的阅读辅助设施，方便幼儿在自主性图书区中舒适地阅读。可以利用帐篷营造出温馨、舒适的阅读氛围，让幼儿在小帐篷里也可以说说悄悄话，一起阅读图书。在图书区里使用地毯、抱枕等舒适的材料可以让幼儿感受到家一般的温暖，提升幼儿的阅读兴趣。

（四）专属化原则

自主性图书区的创设要遵循区域专属化的原则，为幼儿的自主性发展服务。幼儿在自主性阅读时应遵守图书区的规则，按需取书，阅读完图书后应将书籍按照编号摆放整齐。图书区创设后要建立良好的阅读常规，让幼儿养成有序入区、轻声交流、爱护图书、安静阅读、阅读后归位、保持整洁、及时整理等良好的阅读习惯。

【案例 4-7】图书管理员

自从图书区开设以来，那里成为了宝贝们每天都要去的区域。图画书出色的画面无时无刻不吸引着他们，让他们忍不住想去翻一翻、瞧一瞧，比如餐前活动、离园前活动、游戏活动时都会有所参与。教师仔细地观察了他们看书的情况，发现孩子们在拿书、放书的时候总会出现闹哄哄、挤来挤去的现象，有些比较弱小的小朋友经常被挤倒，书架上的书则有的斜着放，有的倒着放，有的反着放，还有些书甚至残缺被损。因此教师在图书区设立了图书管理员，实行轮替管理制度，请幼儿轮流管理与监督。图书管理员经评选产生，看书时表现得好的小朋友经投票可以成为“小小礼仪之星”。

五、自主性图书区环境创设与活动开展

（一）环境创设

舒适、安静的阅读环境是自主性图书区有效开展的基础，它能延长孩子们在图书区的时间，从而更大限度地让幼儿去感受阅读的乐趣。

1. 自主性图书区的合理规划

根据《托幼建筑设计规范》的要求，自主性图书区的位置适宜靠窗而设，区域环境安静、明亮，采光系数标准为 3%，窗地面积比为 1 ： 5。在班级区域设置中，图书区应远离建构区和表演区等吵闹的区域，可以紧临美工区或者植物区，方便区域之间联动结合，如美工区可以支撑幼儿修补图书或者自制图书的需求。

自主性图书区的区域大小要根据孩子年龄和人数决定，人均理想占地面积为 2.32 平方米，区域一般可容纳 5 ～ 6 人。根据开放性原则，可以将图书区内部结构划分为阅读区、书写活动区、听力活动区和故事大王区，使区域之间实现动静结合。

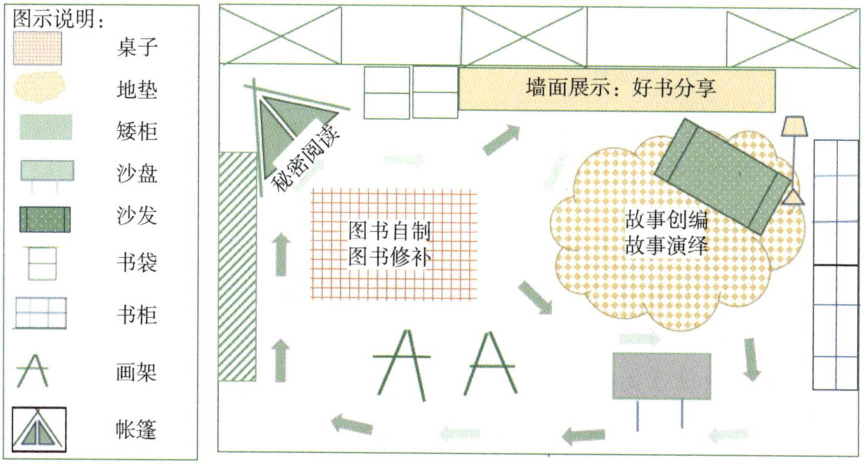

图 4-6　自主性图书区区域规划图

2. 自主性图书区温馨氛围的创设

色彩搭配要温馨。自主性图书区适宜选择暖色调，如浅黄色、浅蓝色等颜色，让孩子体会到温馨的感觉。

区域环境要安全。在图书区中增加辅助设施，如小帐篷、小沙发、地垫、地毯、抱枕、靠枕等物品，布置成家的模样，这样对于小班孩子而言在自主性图书区中能获得足够的安全感。

设计区域标识。在自主性图书区中可请幼儿自主设计区域标识，让幼儿在写写画画的过程中体验文字符号的功能，培养书写兴趣。

3. 阅读材料的提供

丰富多彩的阅读材料，是幼儿能否主动参与活动的重要因素，它直接影响到孩子们参与活动的质量。

（1）阅读材料要适合幼儿的年龄特点。

小班，投放的同类书数量要多一些，先投放认知类（如介绍水果、颜色、玩具、食品、动植物、交通工具等）图书，再投放内容简单、单页单幅的故事类、手工类图书。例如，《小蓝和小黄》，如表 4–5 所示。

表 4–5　好书推荐——《小蓝和小黄》

书目名称	《小蓝和小黄》
作者	李欧·李奥尼
译者	彭懿
出版社	明天出版社
简介：作为彼此最好的朋友，小蓝和小黄共同经历了一次神奇的冒险。有一天，小蓝找不到小黄了。当他们终于相遇的时候，他们开心极了。他们抱在了一起，直到变成了绿。可是，小蓝和小黄到哪里去了呢？他们消失了吗？	

中班幼儿能反复看自己喜欢的图书，喜欢把听过的故事或看过的图书讲给别人听，对生活中常见的标识、符号感兴趣，知道它们表示一定的意义，所以对于中班幼儿，可以先投放故事类图书，再投放诗歌类、寓言类、古诗类以及科普类等图书及画报。例如，《猜猜我有多爱你》，如表 4–6 所示。

表 4-6　好书推荐——《猜猜我有多爱你》

书目名称	《猜猜我有多爱你》
作者	山姆 · 麦克布雷尼
译者	梅子涵
出版社	少年儿童出版社
简介：绘本《猜猜我有多爱你》讲述了小兔子和大兔子一起比赛，看谁的爱更多的故事。大兔子前一局获胜，而小兔子最后用丰富的想象力赢得了比大兔子更多的爱。绘本结局是两只兔子都获胜。	

大班幼儿能专注于阅读图书，喜欢与他人一起谈论图书和故事的有关内容，对图书和生活情境中的文字符号感兴趣，知道文字表示一定的意义，因此对于大班幼儿，可以先投放经典类、科幻类图书，再增加自制类图书及杂志，以符合幼儿的兴趣爱好和认知水平，逐步扩展其阅读的范围。例如，《大卫上学去》，如表 4-7 所示。

表 4-7　好书推荐——《大卫上学去》

书目名称	《大卫上学去》
作者	大卫 · 香农
译者	余治莹
出版社	河北教育出版社
简介：《大卫上学去》一书主要描述了大卫在学校学习规矩的场景。与《大卫，不可以》最大的不同是，在《大卫，不可以》里，大卫唯我独尊、一个人胡闹；而《大卫上学去》，大卫的身边有了其他的小朋友，他必须得学会与别人相处，并且遵守学校里的规则。	

（2）阅读材料要跟随幼儿的兴趣爱好。图书区材料的投放还应该跟着幼儿的兴趣走，如有一阶段幼儿对于动物感兴趣，这时教师就可以抓住契机，在自主性图书区增设一些有关动物的图画书，如《好饿的毛毛虫》《会爱的小狮子》《小羊的宠物》等，提升幼儿的阅读兴趣。

【案例 4-8】动物朋友

幼儿园教育活动课程以主题教学方式建构时，绘本的选择应以主题教学活动为中心，辅助主题教学活动顺利、有效地开展。

例如，在“动物朋友”这一主题活动中，教师以“动物朋友”为切入点，从幼儿熟悉并喜爱的动物开始，通过绘本、儿歌、游戏等各种不同的活动形式，来满足幼儿探索动物的愿望。教师在自主性图书区投放与动物相关的绘本，如《动物吃些什么呢？》《动物园之旅》《好饿的毛毛虫》《11 只猫》《从头到脚》《蹦》《棕色的熊》等，为幼儿提供可以了解更多动物信息的绘本，引导他们运用绘本开展相关的活动，如绘本表演、绘本创作等，帮助幼儿进一步获得更多有关动物的信息，增强学习、感受的能力。

（3）阅读材料要满足幼儿的个性需求。幼儿之间有学习习惯和能力的差异，对于班级有个性需求的幼儿，教师应及时给予支持，例如在班级中有孩子特别喜欢水墨画，教师就应及时增设一些有关水墨画的图书，如《驿马》等。

（4）阅读辅助材料的选择和使用。为了更好地提升幼儿自主性阅读的环境，教师在创设自主性图书区时应适当添加一些辅助材料，如帐篷、座椅坐垫、桌子、桌布、书架、图书插袋、地毯、泡沫垫、大抱枕、图书登记册、故事磁带、手偶、毛绒玩具等，以此促进活动的高质量开展，推动幼儿自主性发展。

【案例 4-9】图书医院

活动材料：纸、笔、固体胶、双面胶、剪刀、订书机。以上材料和工具多见于美工区，但是同样的材料和工具可以有多重用途，所以在图书区这些材料和工具也可以起到很大的作用。

案例记录：在图书区里图书破损的事情时有发生，这也是一个不可错过的教育契机。通过开展“图书医院”的活动，提供上述辅助材料，如剪刀、双面胶、固体胶、订书机等，可以让幼儿自己来修补破损的图书。

一天，在图书区里，雨田拿着《爱吃水果的奶牛》这本绘本摇头叹气。原来是因为这本绘本深受孩子们的喜爱，大家都争着要看，由于被翻阅的次数太多了，书的封面脱落了。雨田也十分喜爱这本绘本，看着书坏了，有点伤心。

这时，俊松走过来跟雨田说：“不要伤心了，我们去把图书修好吧。”

雨田看了看桌上摆放的修补工具点了点头。

俊松和雨田坐在小椅子上，雨田用手按着图书脱落的封面将其固定住，俊松拿双面胶粘住脱落的地方后，拿起剪刀将多余的双面胶剪掉。第一面粘好了，又反过来粘第二面。不一会儿，这本《爱吃水果的奶牛》就被修补好啦。

虽然俊松和雨田双面胶粘得不是很平整，脱落的地方和绘本边缘也没有对齐，但是通过他们的努力，让破损的图书变得比之前好了，教师心里十分欣慰。

通过“图书医院”这个活动，不仅可以在修补图书的过程中培养幼儿的动手能力和观察能力，也可以在互帮互助中帮助幼儿建立良好的同伴关系，激发幼儿爱护图书、珍惜图书的愿望，使幼儿养成珍爱图书的良好品质。

【案例 4-10】好书推荐

活动材料：记录单、墙贴板、纸、笔。即使是 3～6 岁的幼儿，在阅读以后或多或少都会有自己的思考和想法。可以提供给幼儿记录单，方便其用写写画画的方式去记录自己在活动中的所思所想，然后将记录单展示在墙贴板上。

案例记录：通过“好书推荐”这个活动，可以为幼儿搭建共同交流与阅读的平台，营造一个积极良好的读书氛围。“好书推荐”这个活动可以吸引幼儿自主阅读图书，并要求幼儿在每个月阅读的图书中选择一本最喜欢的图书进行分享。

这一天，大一班图书区里的“好书推荐”活动正在火热进行中。埴埴拿着她的记录单正在思考该如何推荐《大脚丫跳芭蕾》这本绘本。但是她把整个封面画下来有一定难度，也不会用文字来表述推荐理由，正在着急呢。

埴埴：“老师，我需要把整个封面画下来吗？这个可真难呀！”

老师：“不需要把整个封面画下来，你只需要把这个封面上最典型的内容用自己的方式画出来就可以啦。”

埴埴：“那我不会写字，该怎么写这个推荐理由呀？”

老师：“不会写字也没有关系呀，我们可以用画画的方式来表达。那你为什么喜欢这个绘本呢？”

埴埴：“我喜欢跳舞，我长大了也想当一名舞蹈家。我也要像贝琳达一样，坚持跳舞。”

老师：“那你想想你长大以后成为一名舞蹈家时的样子，然后把它画出来。”

埴埴：“那我知道啦。”说完便走回位置上去继续填写记录单了。

不一会，埴埴就用自己的方式完成了记录单。她上前来与大家分享自己的好书推荐："大家好，我推荐的是《大脚丫跳芭蕾》。因为我和贝琳达一样，都喜欢跳舞。妈妈现在也在送我上舞蹈课。我要坚持学习跳舞，长大了要当一名舞蹈家。"老师对于埴埴的分享给予了肯定，将埴埴的记录单粘贴在了墙贴板上。

分析：在上述这个案例中，我们可以看到，"好书推荐"这个活动不仅可以促进幼儿之间交流、分享阅读感悟，锻炼幼儿的语言表达能力，在一定程度上还可以帮助幼儿了解自己，找到自己的梦想并积极努力地去实现。

【案例 4-11】《动物数字》

活动材料：树枝、沙盘。幼儿在写写画画的过程中体验文字符号的功能，可以培养对书写的兴趣。在图书区不仅要满足幼儿看与说的需要，同时也要满足幼儿自由涂画的需要，树枝和沙盘就是要满足这一点。

案例记录：《动物数字》是一本对数字 1～5 认知的绘本，适合小班幼儿作为数字启蒙来阅读。通过阅读《动物数字》，幼儿不仅可以认识数字，还可以用手口一致的方式点数 5 以内的动物。我们为幼儿提供树枝和沙盘这些自然材料，还可以满足幼儿自由书写数字的需要。

在图书区里，玉宸正在阅读《动物数字》这本绘本。

翻开第一页是 1，玉宸看到书上有一头喜欢在泥里打滚的动物。是什么动物呢？玉宸又翻开下一页，看到是一头犀牛。这有趣的画面吸引了玉宸，他不禁哈哈大笑起来。随后拿起了沙盘里的树枝画起了数字 1，然后又歪歪扭扭地画了一只牛。

分析：在这个案例中我们看到，为幼儿提供树枝和沙盘这些自然材料，不仅可以满足幼儿自由涂写的需要，还可培养幼儿的书写能力，增添阅读趣味。

（二）活动开展

教学活动的渗透是自主性图书区顺利开展的主要途径，教师应遵循一切生活皆课程的宗旨，巧妙地将自主性图书区的精华贯穿于其中，如餐前活动可以利用图书区的图书来讲故事，午睡前的睡前故事也可以从图书区选择。在幼儿遇到困难的时候，教师可以用图书中的内容告诉幼儿解决的办法，并告诉幼儿这是老师从图画书中获得的经验，以此来吸引幼儿利用一切时间到自主性图书区中去看看、逛逛。

教师可以在图书区中组织幼儿修补图书，利用废旧图书自制图书，开展插页编码、装订图书，或者自己绘图自制图画书等活动，让幼儿感知图书的结构和组成，认识书面语言的特点，体验制作的成功感。

在图书区中也可以开展创编、讲述活动。根据幼儿的兴趣和经验开展有关图书主题的创编和讲述活动，促使幼儿将阅读内容、作品创编和朗读讲述相结合，开展形式多样的阅读活动，促使幼儿将口头语言与书面语言进行相互转换，不断增强幼儿的阅读兴趣。

六、自主性图书区材料的投放和技巧

（一）阅读材料的投放要满足幼儿发展的需要

自主性图书区材料的投放应遵循幼儿身心发展的规律，适时调整阅读内容，体现动态的阅读过程，使幼儿能持续阅读。没有更新的阅读材料会使幼儿丧失对图书区的兴趣，久而久之图书区就会成为一种摆设。当发现幼儿对于投放的图书失去了兴趣，或者新投放的图书不能引起幼儿的兴趣时，教师应该及时分析幼儿不感兴趣的原因，并反思现有图书的内容是不是他们需要的，能否让他们在心理上获得满足，然后立即改进，从而使幼儿的兴趣得以延伸。

（二）随机补充阅读材料，提高幼儿的阅读兴趣

图书区除了可以看书以外，还有其他教育价值。比如，在社会性行为方面，图书区的材料破损一方面会影响图书区的美观效果，另一方面会对幼儿的社会性发展也有极大的隐性作用。教师可以利用修补书籍、爱护图书等内容与幼儿进行交流，起到保护图书的作用。

图书区的材料也应该随时增设。随着幼儿兴趣点的转移，或者需求量的增大，教师应及时发现并跟进，增设某些方面的图书，满足幼儿个性的需要。

七、自主性图书区组织与指导策略

自主阅读能力是幼儿早期阅读教育的关键。阅读是一个多元、复杂的历程，儿童需要在阅读过程中寻找到适合的途径，通过探索建立“自主阅读—小组同伴阅读—师生共读—重复循环阅读”的阅读模式，积累阅读经验，从而培养起自主阅读的能力来。

在自主性图书区组织开展以幼儿为中心的阅读活动，鼓励幼儿自主阅读图书内容，自主探索图书中的文本意义，主动分享、交流阅读体会，可以帮助幼儿提高自主阅读能力，养成对阅读积极、稳定的兴趣，丰富幼儿的知识，促进幼儿语言表达能力的发展。具体有以下三种组织与实施的方式。

（一）幼儿根据自己的兴趣爱好和已有经验，自主选择图书进行阅读

1. 个别自主阅读

个别自主阅读是指幼儿一个人看一本书，很少与身旁的同伴进行交流互动。

在一个相对安静，环境温馨、舒适的阅读区里，选择一本自己喜欢的绘本一个人静静翻看、阅读是一件非常自在与享受的事情。我们在小班的图书区经常观察到幼儿一个人在专注地看自己的书，不会去注意旁边的同伴在做什么，所以个别自主阅读的形式通常发生在小班的平行游戏当中。

【案例 4-12】《我们的形状小镇》

活动材料：在小班幼儿学习了认识三角形、圆形、正方形后，可以在图书区投放《我们的形状小镇》这一绘本和沙盘、树枝等辅助材料，帮助幼儿巩固对三角形、圆形、正方形的认识。

案例记录：在自主区域活动时，梓涵来到了图书区。看到了《我们的形状小镇》这本绘本，开心地看着封面自言自语道："小狐狸手里拿着正方形和三角形。哇塞，下面还有一个圆形呢。"因为有了学习三角形、圆形、正方形的前期经验，所以梓涵对形状有了兴趣，便翻开绘本阅读起来。在阅读过程中，梓涵还会偶尔拿起一旁的树枝在沙盘上画一画在绘本里出现的形状。

分析：通过上述案例，我们可以看出，在自主阅读区，小班的幼儿在有前期的知识准备后也可以进行自主阅读。温馨的阅读环境是激发幼儿阅读兴趣的基础，教师可以投放与经验、学习内容相关的绘本促进幼儿的认知，提供适宜的辅助材料满足幼儿不同的阅读需求。

2. 个别自主阅读中的指导策略

（1）建立必要的图书区自主阅读规则。小班幼儿刚开始接触区域游戏和自主阅读，此时是培养良好的阅读习惯和阅读常规的最佳时期。养成良好的阅读常规，有助于幼儿养成良好的阅读习惯。在个别自主阅读中，可以帮助幼儿养成爱护图书、轻拿轻放、及时整理、阅读时保持安静等良好习惯。

区域规则可以由教师直接向幼儿提出并讲解，也可以让幼儿一起共同商讨制定，要让幼儿知道为什么要制定这样的规则，增强幼儿在图书区活动的自主性、秩序感与规则意识。在制定适宜幼儿的规则以后，教师不仅要要求幼儿遵守规则，还要以身作则，做幼儿的榜样，与幼儿一起遵守制定好的规则。

（2）教师要把握适当的时机。在自主阅读活动中，幼儿的外在表现不如在建构区、“娃娃家”等明显，所以需要教师细心地观察幼儿在自主阅读中的表情、行为、语言等情况，判断幼儿是否需要教师的帮助，把握合适的教育时机。当幼儿出现影响他人的负面行为时，比如，在图书区里讲话、嬉笑打闹，教师要及时干预和指导。在幼儿频繁更换图书时，如 5 分钟更换了 3 本图书，显然幼儿没有专注阅读，需要教师帮助幼儿专注阅读。在看到幼儿一直固定在同一个页面，以及当幼儿难以理解画面的内容时，教师要及时进行指导和帮助。

（二）根据开展的活动主题投放相关绘本，幼儿在自主阅读区中与小组同伴共同阅读

1. 小组同伴自主阅读

在自主阅读区域活动中，经常可以看到两三个幼儿组成一组，你一言我一语地交流着、说笑着，这一画面非常融洽、和谐。在小组同伴阅读中，幼儿以自己的兴趣点和已有经验为基础，根据自己的兴趣、需要、性格特点等自主选择同伴组成小组，共同选择喜欢的绘本进行阅读。

在小组同伴自主阅读中，幼儿主动与同伴分享观察到的画面细节，交流阅读体会。在互相解读故事内容，领会故事传达的含义，创编故事的后续中，幼儿可提高自主阅读能力，形成良好的同伴关系和同伴沟通能力。

【案例 4-13】美丽的春天

春天是一个生机勃勃的季节，孩子们对春天也充满了喜爱。孩子们渐渐感受到天气在变暖，发现幼儿园里开了许多五颜六色的花朵，树上长出了嫩嫩的绿芽，小草也冒出了尖尖的小脑袋。孩子们对花丛里飞舞的蝴蝶，采蜜的蜜蜂充满了好奇。教师也在积极帮助孩子们探索春天的秘密，感受春天的美好，所以在阅读区投放了许多关于春天的绘本，如《遇见春天》《春天来了》《小种子》《花婆婆》《14 只老鼠去春游》《彩虹色的花》《春天在哪里》等。

在自主阅读区中，诗涵、子轩、晓玉坐在柔软的地垫上饶有兴趣地看着

《14只老鼠去春游》的绘本。14只老鼠在春意盎然、春光明媚的时候去草原上一同游玩，十分的愉快。

诗涵：小老鼠们最后在草地上一起吃好吃的。

子轩：它们看起来好开心呀。

晓玉：我上一次和爸爸妈妈去公园也玩得很开心呢。

子轩：放假的时候我也和爸爸妈妈去公园了呢，还看到了很多花。

诗涵：我和姐姐一起在公园里放风筝了呢。

晓玉：我下次去公园的时候也想要带一些好吃的。

子轩：我们去公园里可以捉蝴蝶呢。

诗涵：我要和姐姐一起再去放一次风筝。

在阅读完《14只老鼠去春游》的故事后，孩子们交流起了自己和家人一起去公园游玩时发生的事情，回忆着春天里发生的美好故事。

在上述案例中，班级正在开展与春天有关的主题活动，教师也在图书区投放了与春天有关的绘本来支持幼儿的活动。小组同伴阅读是自主区域活动中最常见的一种的形式。小组同伴阅读中同伴之间有共同的兴趣和目标，会互相积极讨论，交流看法，分享彼此的观点和快乐。在愉快的阅读氛围中，可以共同提升阅读能力和语言表达能力。

2. 小组同伴自主阅读指导策略

（1）直接参与。对于做事没有耐心、需要个别指导的儿童，教师可以直接参与图书区活动，提出具体、明确的要求，进行适时、适度、适当的指导。如幼儿在图书区里进行小组同伴阅读时，有几个男孩子在丢书。这时候，教师可以以图书管理员的身份直接介入游戏，避免幼儿继续混乱下去，帮助幼儿继续阅读。

（2）角色扮演。当幼儿没有阅读兴趣，左顾右盼不能专注阅读时，教师也可以走进图书区，扮演一名进图书区看书的小朋友，静静地在幼儿旁边阅读，这样也可以引起幼儿的阅读兴趣。当幼儿在图书区进行故事创编、好书推荐的活动时，为了推进活动的进程、帮助幼儿拓展游戏内容，教师可以扮演记者，以采访的形式记录并指导幼儿的自主活动，再以新闻发布会的形式进行评价。

（3）旁观者。教师以言语或非言语的方式指导幼儿区域活动。言语的方式主要是指教师的建议、询问、提示等；非言语的方式主要是指教师运用表情、神态、动作等肢体语言指导幼儿的活动。

（三）通过师幼共读的方式来促进幼儿阅读能力、理解能力的提升

1.区域集体阅读活动中的师幼共读

师幼共读是在一个有温度、自然、真实的语言情境中，通过语言来互动，表述自己的想法，促进幼儿语言能力、认知能力的发展，也是提高幼儿阅读能力和丰富幼儿阅读经验的重要方式。

师幼共读有许多种形式，在这里主要是指在区域集体阅读活动中的师幼集体共读。图书区中幼儿共同商讨选择一本绘本，教师和区域中所有的幼儿围坐在一起看同一本绘本。师幼共读对于幼儿来说，是一件十分愉快又具有吸引力的事情。

【案例 4-14】《猜猜我有多爱你》

《猜猜我有多爱你》这一绘本用简单温馨的语言，讲述了兔妈妈和像小孩子一样的小兔子之间爱的故事，让幼儿深刻体会到亲情的温暖与美好。通过师幼共同阅读使幼儿感受绘本中大兔子和小兔子之间真挚深切的情感，并能用语言和肢体动作表达对家人的爱。

首先教师和孩子们一起看封面，看看封面上有谁，他们在干什么。

孩子们观察得非常认真和仔细，小兔子在大兔子的耳朵旁说着温暖有爱的话，来告诉大兔子自己对她的爱。

接着教师和孩子们一起阅读绘本，帮助孩子们理解绘本的故事内容，体会大兔子和小兔子之间的情感，引导幼儿用自己的语言表达对父母的爱。

教师：兔妈妈和兔宝宝一边说着，一边来到了山脚下。它们看到了一幅美丽的风景。在这美丽的景象里，你看到了什么？小兔子用什么来表达对妈妈的爱呢？你可以用什么其他的东西来表达对妈妈的爱呢？

在和孩子们共同阅读与交流的过程中，孩子们的表达充满了想象力与童真，教师也能在他们稚嫩的话语中感受到孩子们对妈妈的爱。

甜甜：宜宾有多大，我就有多爱你。

子晨：大海有多大，我就有多爱你。

奕琛：地球有多大，我就有多爱你。

孩子们都在表达自己对妈妈的爱，如果孩子们的妈妈听到了他们的话一定也会非常的感动吧。

绘本阅读完以后，教师说："你们除了爱自己的爸爸妈妈之外，你们心里

还爱着谁呢？心中有爱就要大胆地表达出来，这样你的爱才会越来越多。回家以后也别忘了，对爸爸妈妈和身边的人表达自己心中的爱，对他们说‘猜猜我有多爱你’。”

在活动结束后，教师将孩子们的童言稚语用绘画的形式记录下来，制作成一本《猜猜我有多爱你》的自制绘本，投放在阅读区中以供阅读。

一本绘本，通过师幼共读，教师首先提出系列问题，激发孩子的思维，再通过幼儿的绘画续编故事，促使其表达自己的真情实感；最后，将孩子的绘画作品一页页装订起来，成了一本幼儿自制的绘本。

2. 集体阅读的指导策略

（1）巧用语言，营造一个自由、宽松、愉悦的语言环境。师幼集体阅读中，教师的语言可以推进幼儿语言的整体学习与发展，这和身处的语言环境有着密不可分的关系。一个自由、愉悦、宽松、有趣的语言环境，可以发展幼儿的语言表达能力。一个轻松、愉悦的语言环境，可以让幼儿在阅读的过程中大胆地表达自己的想法，不会因为自己紧张或者胆怯不敢发言。对于胆小害羞的幼儿，在集体阅读中教师要发现他的优点并及时给予鼓励，帮助幼儿建立信心，激发幼儿表达的欲望。如在集体阅读中，教师围坐在幼儿身旁共同阅读《我妈妈》这个温馨的绘本时，语气要温柔、舒缓，给幼儿营造一种安全、愉悦的氛围，鼓励幼儿大胆表达自己对妈妈的爱。

（2）巧用“悬念”，不断吸引幼儿的阅读兴趣。教师、幼儿共同阅读，不是把一本绘本从头到尾讲述一遍就可以了。平铺直叙的阅读方式不能一直吸引幼儿的兴趣和注意力。设置一些悬念会引起幼儿的好奇心，从而吸引幼儿的兴趣。幼儿的兴趣在哪里，他的注意力就在哪里。设置悬念，不仅能吸引幼儿的兴趣，还能激发幼儿对接来故事情节的猜想和对故事内容的积极思考。

例如，教师在与幼儿共同阅读时，可以在关键的地方停下来。在《咕叽咕叽》这一绘本中，当讲到鳄鱼要咕叽咕叽把鸭子带到河边给它们吃时，可以停下来问幼儿：“你们认为咕叽咕叽接下来会怎么做呢？”以此来引起幼儿的思考和对后续故事情节的好奇心。

对于自主性图书区的指导策略，没有固定的、一成不变的模式和方法。但是无论教师采用哪一种指导策略，都要注意避免过度干预，避免把幼儿的自主性游戏变得控制度过高，应尊重幼儿的自主性，鼓励幼儿的创造性。

表 4-8　按不同主题内容选择书籍

编号	主题	列举书目
1	有关妈妈形象的绘本	《我们的妈妈在哪里》《我的妈妈真麻烦》《做妈妈的都是这样》《妈妈的红沙发》《永远爱你》《我家有个坏好宝宝》《莎莉，离水远一点》《让我安静五分钟》《我妈妈》
2	有关爸爸形象的绘本	《爸爸,你爱我吗？》《爸爸,你看我在做什么！》《爸爸,我要月亮》《我爸爸》《一个不能没有礼物的日子》
3	可以引导小朋友学习面对死亡的绘本	《爷爷有没有穿西装》《想念外公》《我永远爱你》《獾的礼物》《一片叶子落下来》《阿星的婚礼》《小鲁的池塘》《再见，爱玛奶奶》
4	可以引导小朋友学习面对并抒发脾气与情绪的绘本	《生气的阿瑟》《生气汤》《啊！烦恼》《菲菲生气了——非常，非常的生气》《我变成一只喷火龙了》
5	可以引导小朋友学习面对并抒解害怕与恐惧的绘本	《雷公糕》《魔奇魔奇树》《床底下的怪物》《洁西卡和大野狼》《讨厌黑暗的席奶奶》《我好担心》
6	可以引导小朋友学习面对身心失能者的绘本	《我的妹妹听不见》(听障)、《叔公忘记了》(老年痴呆)、《好好爱阿迪》(唐氏症)、《威威找记忆》(失忆老人)、《我的姊姊不一样》(智障)、《祝你生日快乐》(癌症)、《瑞奇的烦恼》(身体缺陷)、《先左脚，再右脚》(中风老人)、《超级哥哥》(智障)、《跟着爷爷看》(视障)、《珊珊》(肢障)、《小纸箱》(流浪汉)
7	可以引导小朋友了解笑容可贵的绘本	《笑容不见了》《给姑妈笑一个》
8	可以引导小朋友了解与珍惜友情（谊）的绘本	《嘉嘉》《大手握小手》《平克与薛伊》《最珍贵的宝贝》《没有你，我怎么办》《月亮，地球，太阳》《我最讨厌你》《我喜欢你》《玛德琳》《你是我的朋友吗？》《我是老大》《通通是我的》《为什么》
9	可以引导小朋友学习面对成长的绘本	《小女儿长大了》《有什么毛病》《精彩过一生》《我小时候长什么样子》《你很快就会长高》《阿虎开窍了》

续表

编号	主题	列举书目
10	可以和小朋友一起发挥想象，一起玩游戏的绘本	《假装是鱼》《戴帽子的猫》《毛儿的大提琴》《小莫那上山》《恐龙王国历险记》《神秘的生日礼物》《在一个晴朗的日子里》《喂！下车》《永远吃不饱的猫》《门铃又响了》《好饿的毛毛虫》《好安静的蟋蟀》《你喜欢》《当我想睡的时候》《谁吃掉了？》《藏在哪儿呢？》
11	可以和小朋友一起分享与建构共同记忆或共同体验的绘本	《我们的树》《想念》《挖土机年年响》《爷爷一定有办法》《花婆婆》《街道是大家的》
12	可以引导并鼓励小朋友勇于做自己的绘本	《奥力佛是个娘娘腔》《威廉的洋娃娃》《爱花的牛》《美术课》《蜡笔盒的故事》《我就是我》《你很特别》《森林大熊》《田鼠阿佛》《阿力和发条老鼠》《世界为谁存在》《土拨鼠的故事》《大箱子》《大脚丫跳芭蕾》
13	可以引导小朋友珍惜兄弟姊妹的绘本	《大姊姊和小妹妹》（相互扶持）、《小菲菲和新弟弟》（接纳）、《班班的地盘》（接纳）、《最特别的东西》《小小大姊姊》
14	可以引导小朋友学习了解生命与爱生命的绘本	《小种子》《会爱的小狮子》《一片叶子落下来》
15	可以引导小朋友学习面对问题与解决问题手法的绘本	《白鸽少年》《公主的月亮》《卡夫卡变虫记》《阿文的小毯子》《聪明的小乌龟》《眼镜公主》《魔法音符》
16	可以引导小朋友爱护大自然与动物的绘本	《和我玩好吗？》《我爱大自然》《在森林里》《森林大会》《我和我家附近的野狗们》《小羊的宠物》《流浪狗之歌》
17	情绪情感类绘本	《勇气》《我爸爸》《我妈妈》《生气汤》《小绿狼》《雪花人》《逃家小兔》《凯，能行！》《小猪变形记》《猜猜我有多爱你》《妈妈的红沙发》《驴小弟变石头》《大脚丫，跳芭蕾》《我有友情要出租》《爷爷一定有办法》《小老鼠漫长的一夜》

续表

编号	主题	列举书目
18	生活常识类绘本	《尿尿》《换一换》《落叶跳舞》《出新芽了》《蚯蚓的日记》《小蓝和小黄》《古利和古拉》《子儿，吐吐》《蚂蚁和西瓜》《一口袋的吻》《好饿的毛毛虫》《喜欢大的国王》《爱尔莎的故事》《小阿力的大学校》《母鸡萝丝去散步》《鳄鱼怕怕 牙医怕怕》《是谁嗯嗯在我头上》
19	人际交往类绘本	《你真好》《石头汤》《我是霸王龙》《月亮的味道》
20	生命教育类绘本	《我就是我》《小黑鱼》《花婆婆》《獾的礼物》《长大做个好爷爷》

表 4–9　按不同年龄段选择书籍

编号	小班幼儿绘本推荐书目	中班幼儿绘本推荐书目	大班幼儿绘本推荐书目
1	《变色鸟》	《我爸爸》	《喵呜》
2	《车来了》	《猜猜我有多爱你》	《母鸡萝丝去散步》
3	《我去刷牙》	《蚯蚓的日记》	《大卫，不可以》
4	《柳树妈妈的“头发”》	《月亮，生日快乐》	《大卫上学去》
5	《我要洗澡》	《爷爷一定有办法》	《老鼠娶新娘》
6	《草莓点心》	《鳄鱼怕怕、牙医怕怕》	《蚯蚓日记》
7	《你好》	《打瞌睡的房子》	《狼大叔的红焖鸡》
8	《多多什么都爱吃》	《雪人》	《晚安小月亮》
9	《聚宝盆》	《驴小弟变石头》	《小猪变形记》
10	《我要拉粑粑》	《爷爷有没有穿西装》	《是谁嗯嗯在我的头上》
11	《三只小猪上幼儿园》	《嘘》	《要是你给老鼠吃饼干》
12	《小乌龟看爷爷》	《我妈妈》	《愿望树》

续表

编号	小班幼儿绘本推荐书目	中班幼儿绘本推荐书目	大班幼儿绘本推荐书目
13	《充气沙发真好玩》	《不睡觉的世界冠军》	《一颗超级顽固的牙》
14	《阿比比一比》	《彩虹色的花》	《奥古斯特和他的微笑》
15	《鼠小弟的小背心》	《我的城市是什么颜色的？》	《棕熊的神奇事》
16	《 嘟嘟 》	《小熊不刷牙》	《泥土的味道》
17	《馋嘴的小老鼠》	《我们身体里的洞》	《森林快逃》
18	《青蛙音乐家》	《生气汤》	《月亮的味道》
19	《为什么我不能？》	《根本就不脏嘛》	《月亮，生日快乐》
20	《我喜欢游泳》	《神奇的色彩女王》	《粽子里的故事》
21	《想吃苹果的鼠小弟》	《动物颜色》	《团圆》
22	《爱吃水果的牛》	《肚子里的闹钟》	《爱心树》
23	《鼠小弟，鼠小弟》	《挖鼻孔真好玩》	《云朵面包》
24	《鼠小弟和鼠小妹》	《牙齿大街的新鲜事》	《天生一对》
25	《小黄和小蓝》	《保护眼睛远离眼镜》	《蚂蚁搬西瓜》
26	《小蛇散步》	《肚子里有个火车站》	《胆小的老鼠》
27	《子儿，吐吐》	《火龙爸爸戒烟记》	《长大后做什么》
28	《鳄鱼怕怕 牙医怕怕》	《蔬菜的秘密》	《大脚丫跳芭蕾》
29	《长长的……》	《牙细菌大作战》	《艾特熊和赛娜鼠》
30	《晚上》	《爸爸的眼镜》	《我有友情要出租》

第三节　自主性运动区活动组织与指导

幼儿时期，人正处于学习与发展期，运动能力也在逐渐形成。在幼儿园中，运动能力对于幼儿的身体各项能力来说至关重要，对以后的生活、学习、社会适应能力也有着非常大的影响。教师要充分利用幼儿园内的所有可利用空间，创设良好的、适合孩子运动的环境，鼓励每一名幼儿主动去尝试运动区的玩法，探索运动材料的多种玩法，为幼儿的身体发展提供最大的可能。从而使幼儿在与运动环境的交互作用中得到愉快的情绪，激发内在的积极性，提高幼儿在运动区游戏的自主性和创造性。

一、运动区的概念

幼儿园运动区以户外场地为主，以发展幼儿身体的粗大动作和细小动作能力为主要内容，并通过各种动作的不断发展，促进幼儿身心发展及幼儿身体机能、生理机能和运动综合能力的和谐发展。

在户外活动中，教师要让幼儿能直接、主动接触室外阳光，呼吸新鲜空气，可以根据幼儿园投放的运动器材，组织每个孩子进行一些运动，让所有幼儿在运动中，既锻炼了身体，又在走、跑、跳、爬、攀登、投掷、平衡等动作中使身体的基本技能得到提高，既增强了身体灵活性、平衡性和运动力量，又愉悦了心情，让每个孩子精神饱满、热情洋溢地迎接每一天的学习和生活。

二、自主性运动区的概念

幼儿园自主性运动区，是指幼儿在与全体教师共同参与创设的集体游戏活动环境中，根据自己的兴趣和运动需要，自由选择的，自主参与展开的，自发参与交流的集体活动过程。幼儿园既能在户外游戏场地或活动区域内自主、自由地选择各种活动游戏材料，也能开展非正规性、低成本结构的户外体育锻炼。教师应充分运用根据适龄幼儿的不同年龄成长特点和自身兴趣爱好投放的种类丰富、层次多样的游戏活动材料，让幼儿自主性地发起游戏活动，自主、自由地选择各种游戏活动材料和游戏伙伴，实现自主控制游戏进程和结果。

三、自主性运动区的价值

自主性运动区区域活动强调幼儿的自由、自主和运动自选，在体育运动锻炼器械的正确使用、锻炼运动方式的正确选择和运动同伴间的交往等多个方面能够赋予幼儿更大的自主权，能够在相对宽松的运动氛围中，为每个幼儿的成长提供一个符合其最近发展区的活动目标，有效地促进每个幼儿基本运动知识能力和基本身体素质的同步提高。

四、自主性运动区的创设原则

在创设自主性运动区域时，教师要遵循以下原则充分支持幼儿自主参与到游戏活动之中。

（一）开放性原则

幼儿园的环境应该在空间、内容和参与者等方面体现开放的理念，形成开放的幼儿园环境，让幼儿在开放的世界里自由探索。因此，教师应把“开放互动、自由自主”作为户外活动中的基本原则，从多方面规划自主性运动区，让幼儿在开放的自主性运动中感受童趣和野趣。同时，教师应提供不同层次的材料，将幼儿发展所需的基本动作在有限的环境中用游戏的场景予以呈现，让幼儿自由地选择活动内容和玩伴，自由支配在自主性运动区逗留的时间，使有限的活动时间和空间变得开放，变得丰富可选，充分发挥开放性原则对幼儿的独特教育价值。

【案例 4–15】落叶池

孩子们在捡拾落叶时，发现落叶很容易被风吹走，于是就想找一个合适的地方把落叶存放起来。经过一番寻找，他们选中了玩水池。他们先把玩水池清理干净，然后将收集起来的各种落叶放进去，就这样，玩水池变成了“落叶池”。

幼儿在“落叶池”里随心地抛洒、堆叠落叶，说是“下叶子雨”“跳叶子山”。他们还在“落叶池”中模仿游泳动作，把自己的身体埋在落叶中变成

“树叶人”。活动后，幼儿还用多样化的方式表达自己的所思所想。

随着游戏的不断深入，幼儿继续探索新的玩法，开启了一场落叶创想之旅。他们借形想象，将落叶与石头、树枝等组合起来进行造型，并对自己的作品进行记录；他们还尝试将落叶填埋到种植园地做肥料……幼儿天马行空的想象力赋予了落叶新的生命和活力。在这个过程中，幼儿既获得了直接感知、实际操作、亲身体验的机会，又对自然环境产生了浓厚的探索兴趣。

（a）　　　　（b）

图 4-7　幼儿在“落叶池”玩耍

（二）层次性原则

幼儿期的孩子正处于基本动作发展的重要阶段，户外自主性运动区域的划分与设置必须以促进幼儿的核心动作发展为目标，考虑到幼儿个体运动能力的层次性和差异性，并在钻爬、平衡、投掷、跳跃等活动区域提供更多层次、更渐进式的运动挑战内容，以满足幼儿根据自己的意愿与能力选择活动区域和游戏材料的需要。

【案例 4-16】“山洞”探险

幼儿园在操场里埋设了一条供幼儿钻爬的大型攀爬管道，对于刚入园的小班幼儿来说，这个“山洞”充满了神秘感：山坡上怎么会有个洞洞？洞洞里有什么？洞洞怎么是这样的？有的幼儿尝试把小木块往“山洞”里扔，还有的幼儿侧着耳朵听“山洞”里有没有声音。

于是，教师和幼儿商量如何进“山洞”。有的幼儿套好了护膝，还有的幼儿戴上了安全帽，他们开始了探险。他们发现，“山洞”是矮矮的，要蹲着走；“山洞”里是弯弯的、空空的，没有什么东西；“山洞”里不黑，拐一个弯就可以看到前面；“山洞”是一个大管子……当幼儿走出“山洞”发现另一头就是滑滑梯时，他们不害怕了。他们还对幼儿园的其他洞洞产生了好奇。他们发现滑梯的滑道是洞洞，钻网是洞洞，大轮胎是洞洞，纸箱隧道是洞洞……这些洞洞不仅不可怕，还特别好玩。洞洞给幼儿带来了意想不到的探索机会，他们在探索洞洞的过程中获得了丰富的体验和经验。

（a）　　（b）

图 4–8　幼儿玩“山洞”探险游戏

（三）创造性原则

随着孩子们的活动发展与需求，在开展运动区自主性游戏活动时，会发生各种各样的变化，因此区域内的材料在使用时也要相应地进行合理调整，才能凸显出更多的创意、创新组合。另外，要把各个运动区域进行适当的整合、拓展，要多鼓励孩子有创造性地组合材料，探索多种活动方法和游戏情节，在能真正做到综合运用户外运动器械的同时完成基本动作的练习，拓展活动的形式与内容，发展幼儿的多种动作技能，更高层次地凸显户外运动游戏的趣味性。

【案例 4–17】当 PVC 管遇到沙水游戏

当孩子们把沙子扒开，露出了埋在里面的管子后，大家清楚地看到两根管子由于粗细不同，交接处的缝隙中源源不断有水流出来。一开始，孩子们的直觉反应是“把它堵上”，比如，用沙去填缝隙。但很快，他们意识到了管口粗细不匹配的问题。鑫鑫说：“这两个管子一个大、一个小，所以才有个缝，要拿一模一样的。”于是，鑫鑫、超超马上分头去找合适的管子，但是他俩找来的管子还是一根细、一根粗，匹配不了。这时一直在边上观看的良良跑过去，并找来了一根和鑫鑫那根一样粗细的管子。大家一边说着“就是这根”，一边开始连接。

他们很快又找来了几根长短不一但粗细相同的管子，试图把它们口对口连到一起，结果发现很难对齐而且不容易固定，管子总是会错位。鑫鑫又跑去材料筐里一阵翻找，发现有两根粗细相差无几的管子正好嵌套在一起。他把这一发现告诉了同伴们，大家开始有意识地将稍粗一些的管子套在稍细一些的管子外面，使之成为一个组合。

在这一过程中，教师清晰地看到了孩子的探究和思考。首先，孩子们自己发现了漏水问题的症结——互相连接的管子粗细不匹配。在寻找相匹配的管子的过程中，他们的目测和估算经历了从不准确到准确的过程。在匹配成功后，他们又发现大小相同的管子反而难以连接在一起，于是，有了第二个阶段的探索——怎么将管子连起来。孩子们采用的是粗、细管子组合嵌套的方法。从管子连接在一起的状态来看，这似乎和最初孩子把它们埋在沙里时大同小异，但其实孩子们一开始的连接是下意识的，而现在是在有意识地寻找粗细相差无几的管子使之组合相套，其背后折射出的认知、经验和思维方式都是不同的。

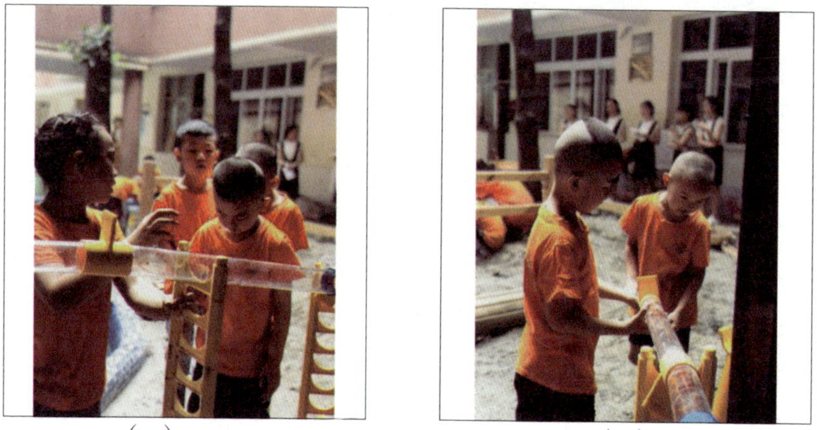

（a）　　（b）

图 4-9　幼儿合作连接管子

（四）留白化原则

自主性游戏运动区的创设要留给幼儿想象的空间，要灵活而富有变化，要在空间、设施、材料、规则等方面注意留给幼儿自主表达的空间，为幼儿的学习与发展留白。比如，在楼道、楼梯、教室运动区等空间留白，让幼儿自主生成空间，根据自主游戏经验进行大胆的想象和创设，成为环境创设和自主性游戏真正的主人翁。

【案例 4-18】玩台阶

最开始玩台阶的时候，幼儿都是空手的，教师就很想看看孩子们在台阶上能碰撞出什么样的火花。以前，孩子们可能只会坐着从台阶边沿滑下来，但这一回孩子们竟有了很多不一样玩法，也探索出了更多有趣的发现。

经过一系列探索，他们很惊奇地发现，把腿伸直了滑下来和弯曲着腿滑下来感觉会非常的不一样，他们甚至可以扶着台阶的扶手站着很顺畅地滑下来，这可是普通的滑滑梯没有的特殊功能，而且还发现站着滑可以看得很远。在经过多次实践后，他们还发明了一种用手钩住扶手滑下来的新姿势，躺着趴着滑下来也很有趣……

在不借助材料的辅助功能又玩了一段时间后，孩子们分小组从幼儿园的其他地方找到认为合适的材料，又开始探索新的玩法。比如，找来了平衡区的长木板，并合作排架在台阶上，这样滑起来会很快也很刺激；又找来了梯子，爬上爬下不亦乐乎；找来了垫子，一人坐，一人拉等。

丰富的游戏材料能让孩子们探索的玩法更加多样、更加有趣，而在游戏中孩子们也被分散到了台阶的各个角落，排队等待的问题也自然而然地得到了解决。这样，孩子们户外游戏的热情就更加高涨了。

五、自主性运动区区域规划

（一）自主性运动区区域规划概要

幼儿园自主性运动区，应该有一个总体的规划与布局，这样才不会显得杂乱无章，东拼西凑；也要根据幼儿活动的需要，按一定的功能或方式进行区域的划分，因地制宜地创设一个更加自然、安全、多元、和谐的户外活动场地，便于幼儿根据自己的兴趣、需求以及能力水平自主地选择区域、玩具与伙伴。这样有利于幼儿主动与他人进行游戏活动和探索活动，同时也能为教师观察幼儿、组织游戏活动提供更加有效的方式方法。

（二）幼儿园总体区域规划

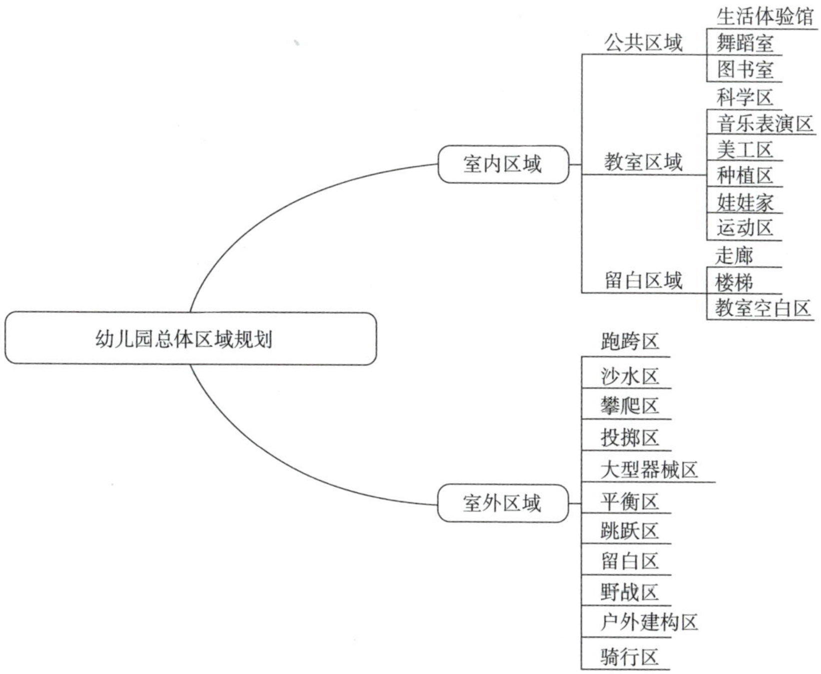

图 4-10　幼儿园总体区域规划分类

（a）

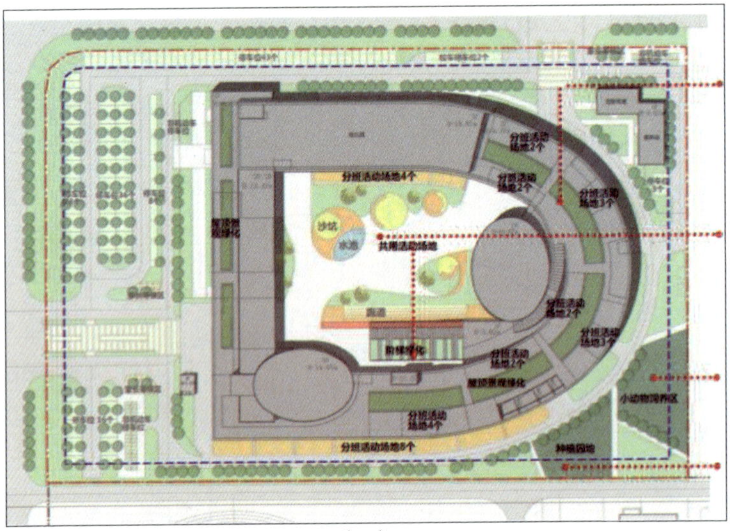

（b）

图 4-11　幼儿园总体区域规划示意图

幼儿园的总体区域规划设计应是科学规划、合理布局，在保障幼儿安全的情况下，充分利用空间进行合理的规划、设计。而运动区的区域规划也需要结合本园室内外的环境因地制宜地进行考虑，依据幼儿的身心发展特点与身体素质、运动能力，设置更适合其运动的内容，促进幼儿在运动区能更好地进行身体锻炼。

（三）幼儿园自主性运动区的合理布局

自主性运动区域的设置首先要根据幼儿自身的身心发展特点与自身需要，以走、跑、跳、攀爬等运动功能来划分区域，如沙池区、平衡区、攀爬区、跑跨区等。其次，要根据运动器材的类别来进行划分，如球类区、车类区等。还可以设置本地民间游戏区，以及结合主题活动开展的主题游戏区等。

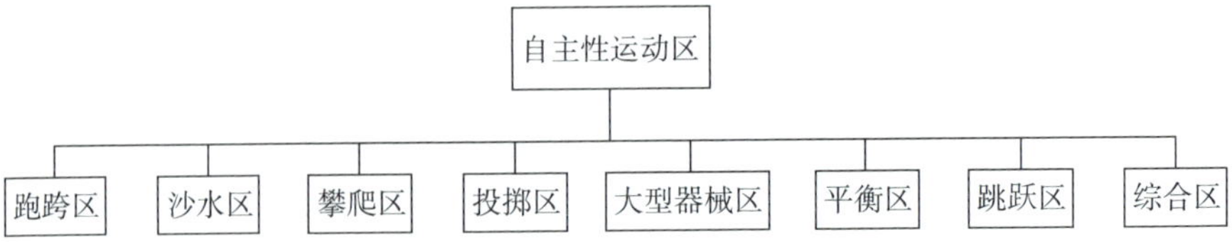

图 4-12　幼儿园自主性运动区划分

另外，要根据自主性运动区域的特点以及场地大小的需要，充分利用幼儿园的每一块场地。要在安排中考虑各运动区域之间的互动，如走路、跑步、跳跃等运动可以开展组合形式的游戏。还要考虑孩子在发展过程中的不同需求，最大化地挖掘出更适宜有效、科学开放的运动空间，让幼儿身体的基本运动能力得到更好的发展。

幼儿园自主性运动区区域平面规划设计图如图 4-13 所示。

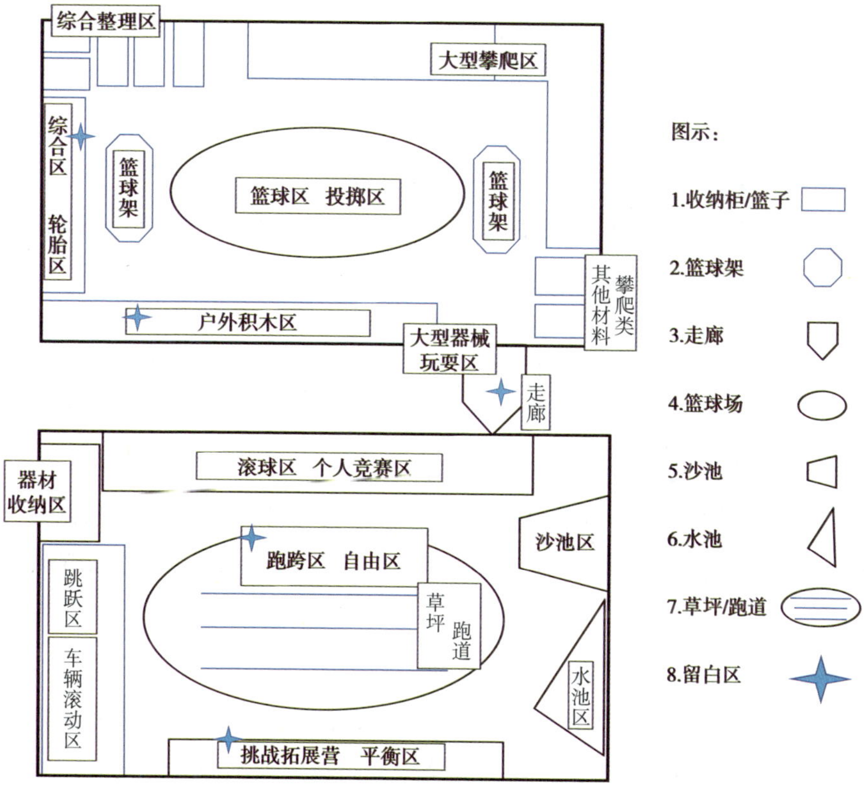

图 4-13　幼儿园运动区区域平面规划设计图

六、自主性运动区区域材料投放技巧

打金街幼儿园的自主性运动区的活动以集体锻炼为主要形式，相对比较单一，幼儿兴趣不够浓厚。为了发展幼儿与幼儿之间的集体运动能力和交往能力，教师开始不断尝试开展户外运动区区域游戏，让全园幼儿在一个环境更为宽阔、材料更为丰富的环境中自主地选择自己喜欢的游戏活动，与小伙伴一起开展户外自主性游戏活动。通过设置一些合理的户外运动区域，投放一些有效的区域材料，引导幼儿建立常规规则意识，保障幼儿在运动区自主性游戏活动中可以快乐而有序参与进去。

（一）自主性运动区材料投放的原则

丰富的户外游戏材料是满足幼儿动作发展的不同需要，激发幼儿的游戏兴趣，促进幼儿的感知觉综合能力全面提高的重要途径。要想让幼儿更加喜欢参加户外游戏活动，教师就应从游戏材料的多样性、趣味性、层次性这三个方面进行选择和投放，更好地激发幼儿参加户外游戏活动的兴趣，使其在游戏中更好地积累生活经验，更健康、快乐地成长。

1. 尊重孩子的意愿，提倡游戏材料的多样性

自主性运动区的游戏材料可分为大型固定游戏器械和小型可移动游戏器械等。大型固定游戏器械有滑滑梯、树桩、平衡木、索道、攀爬墙等；小型的游戏器械有小推车、三轮车、跨栏、体操垫、彩虹伞、平衡脚踏车、拱门等。还有一些零散的游戏材料，如蹦跳类（跳绳、袋鼠跳、蹦跳球、跳跳鞋等），球类（足球、篮球、小皮球、篮球架、足球网等）。除此之外，生活中的废旧物品材料，如轮胎、纸箱、矿泉水桶、奶粉罐、竹筒、PVC 管、易拉罐等，都是户外游戏中不可缺少的活动材料。自主性运动区材料的投放要让幼儿能在运动区自主性游戏活动中充分地自选内容，通过不断实践赋予材料和游戏新的意义。

2. 根据幼儿的兴趣，增加游戏材料的趣味性

好玩、有趣又富有意义的游戏活动材料，既能吸引幼儿的目光，又能激发幼儿积极参与的欲望。比如，平衡区跷跷板、高跷、独木桥、梅花桩、半月摇等可供幼儿练习平衡；攀爬区投放爬网、攀岩、软垫等能让幼儿在运动区自主性游戏中进行不同钻爬动作的练习。投放幼儿喜欢的游戏材料，可发展他们的运动能力，增加其游戏的兴趣。

3. 关注幼儿的发展，注重材料投放的层次性

幼儿的动作发展存在个体差异性，根据幼儿动作发展水平的差异投放不同层次的材料，是材料投放的重要原则。比如，跳跃区可以投放大小不同的牛奶盒和高度不同的纸箱、长短不一的绳子、自制的布袋、纸板等活动材料，让幼儿自由选择进行跳高、立定跳远、助跑跳远、跨跳、摸高跳、夹物跳、定向跳、反向跳、转身跳等跳跃的基本动作。幼儿在运动区自主性游戏活动中通过

不断地探索丰富感官刺激，运用不同的游戏材料去替代和想象，在与游戏材料的自主互动中激发发散性思维，积累有关运动的经验。

户外自主性运动区材料投放如表 4-10 所示。

表 4-10　户外自主性运动区域材料投放

户外区块	环境特点	材料投放	可引发的游戏
挑战拓展营平衡区	呈长方形，有长度不一、坡度不同的斜坡	平衡木、木梯、人字梯、高跷、各种小木块、泡沫砖块、轮胎等	可以以个人或小组的形式在区域内进行平衡比赛游戏，发展孩子的平衡力
沙水区	呈方形，水池环绕沙池，沙质为细沙，配备材料放置室	PVC 半管、PVC 圆管、风车、弯头、三通、四通、铲子、桶、模型、矿泉水水桶、矿泉水水瓶、三角塔等	可以亲近水源、沙土，开展挖渠、修渠，用沙做模型，或者寻宝、藏宝游戏
自由跨跑区	呈长方形跑道，有草坪，地势平坦	跨栏、拱门、体操垫、彩虹伞、树桩，各种障碍物器械等	可以享受跑步冲刺带来的乐趣，或者以个人及小组形式进行竞技类对抗游戏
车辆滚动区	呈环形，有长度不一、坡度不同的多个斜坡	小推车、三轮车、脚蹬小车、拱门、路障、红绿灯、斑马线、停车场、行车路线图等	可以骑车享受斜坡冲刺的乐趣，也可以扮小司机带客人一起骑车或者互帮互助推车上坡，还可以进行滚轮胎游戏
跳跃区	呈长方形，有草坪，地势平坦	蹦跳类（跳绳、蹦跳球、跳跳鞋、袋鼠跳等），各种障碍物等	可以开展不同的跳跃游戏，如原地纵跳、向前跳、单脚跳、跨跳、有障碍跳等
球类区（投掷区）	呈长方形，有专门的篮球画线区，地势平坦	球类（篮球、足球、小皮球、篮球架、足球网等）等	利用地面优势开展竞技类对抗性游戏，如 6 人篮球、小足球、拍球、滚球等
大型攀爬区	整个场地呈 L 形，坐落空中，攀爬墙呈石梯状	滑梯、索道、攀爬墙、树桩等	开展钻爬、野战游戏，可以爬高，也可以开展扮演消防员和医护人员等游戏
综合整理区（器材收纳区）	整个场地呈长方形，分为两层	各类材料放置处	孩子们在这里可以对所有的辅助性材料进行分类、收纳、整理

（二）自主性运动区材料投放的技巧

自主性运动区活动是以幼儿为主体直接动手操作的自主学习与游戏的活动。幼儿通过与运动材料相互作用能够发现问题、探索问题、解决问题。受到个体因素的影响，幼儿活动的欲望有强弱、兴趣有高低、持续时间有长短、思维发展有差异等，那么，如何在自主性运动区里，更好地处理预设与生成、动态与发展之间的关系，进一步满足幼儿的运动发展需求呢？可以从以下两点增强教师自主性游戏材料的投放技巧，努力给幼儿提供适宜的材料，以帮助其发展。

1. 材料组合，赋予玩法多样性

材料的单一性、重复性，教师对材料的探究不到位是孩子在户外自主性运动区里玩不了多久的原因，这样对于孩子的思维提升和自主创造力来说是没有任何促进作用的，在投放运动材料的过程中，除了重新添置一些新材料，还要对旧材料进行整合，新、旧材料进行重新组合，赋予材料新的意义，激发幼儿对材料产生更多的兴趣。在幼儿自主性运动区活动中，教师也要深入、有效地参与到游戏中去，强调幼儿的主体性，打破预设活动，顺应幼儿的兴趣，让幼儿去探索材料新的玩法，让其在自主性运动中得到发展。

2. 材料投放具有层次性，满足不同层次幼儿的能力发展

自主性游戏以“幼儿为本”，要遵循幼儿年龄发展特点，为幼儿提供一个自发学习、探索的机会。而投放同一种材料不能满足所有幼儿能力的均衡发展，能力相对弱的幼儿面对材料，可能会产生畏难情绪；能力较强的幼儿，面对材料可能会觉得太过简单，没有挑战性。因此，应该从幼儿的“最近发展区”出发，分不同层次进行材料投放，充分发挥幼儿的潜能。应允许幼儿从不同的起点出发，按照不同的要求、不同的发展速度选择材料，以适应其不同能力的发展需要。另外，教师也更好地做到因材施教。

【案例 4-19】木梯

幼儿园的攀爬区，最开始大家都只是钻“山洞”，再从另一边滑梯滑下来。没过多久，大班的杨钦棋就发现了“山洞”的秘密，只见他两只手握着“山洞”顶端，双脚离地，像小猴子一样荡秋千。其他小朋友看到了，就纷纷效仿。可是每次最多两个小朋友能玩。过了一个多星期，聚集在攀爬区周围的孩子越来越多，这里已经满足不了他们的游戏需求了。于是，教师们研讨商量

后，决定在平衡区架起一个木梯，让他们游戏。这时，运动小达人已经在木梯上像个小猴子一样荡来荡去了；杨钦棋更厉害，能两手交替抓着木梯前进；曾梓轩正在指导胖胖的朱恩睿怎么踮起脚尖，纵身一跃。孩子们个个摩拳擦掌、跃跃欲试。就这样，越来越多的孩子对放在平衡区的木梯感兴趣，有时会造成围观，观察的教师不得不及时疏散他们。

小班的琪琪和豆豆经常羡慕地看着哥哥姐姐们在木梯上翻腾、攀爬、悬荡，他们也想试试，但无奈够不着，几次之后就不来木梯这里玩了。童童找到老师，嘟着嘴委屈地说："老师，我也想玩。但我抢不上也挤不进去，排队得等好长时间才能玩一下，我又玩不好，要是能多玩玩就好了。"其他孩子也纷纷"告状""诉苦"。

针对这一现象，教师们再一次组织了研讨，最终确定了两个方案。第一个方案：增加木梯的数量，让更多的孩子进入到游戏中，由原来的一根增加到三根，并根据不同年龄段幼儿的能力水平，设计木梯的高度，若以后还有孩子有兴趣就再增加。第二个方案：调整木梯的高度，户外活动分班级进行，当小班孩子来游戏时，根据他们的能力水平降低木梯的高度；大班孩子来游戏时增加高度。

通过研讨后，最终确定两个方案同时使用，基本满足了不同年龄段幼儿的运动能力水平需要，又充分体现了孩子在运动区域的自主性。

（三）借助自主性运动区游戏情节，投放变通材料，引导幼儿自主运动、游戏

随着自主性运动区游戏主题的深化和情节的发展，幼儿会感到现在提供的材料已经不能满足他们的需要了。这时，教师要及时了解，借助情节投放变通材料，调整、推进运动游戏。比如，在户外游戏中，孩子们单纯地在玩走轮胎的游戏，玩一会儿就没有兴趣了，这时可以设置一个游戏情境：拯救小白兔。根据幼儿的运动能力，变更轮胎的玩法，把走轮胎设置为走、跳、跑着去拯救小白兔。借助游戏的情节，提升幼儿的兴趣。当然实施该策略的前提是了解幼儿。教师应该仔细观察，及时了解幼儿当前的兴趣和需要，以及他们在游戏过程中遇到的困难，把握幼儿在认知水平、情感态度方面的个体差异；分析其"最近发展区"并根据幼儿的发展水平来设计投放活动材料，让幼儿保持适度的新奇，持续地探索、发现游戏的新玩法和解决问题的新办法，不断激发幼儿

游戏的兴趣和参与活动的积极性，从而提高幼儿游戏的质量。

（四）幼儿自主性选择材料与运动技能相结合

在自主性运动区活动中要提供由易到难的材料，满足不同层次幼儿的切实需要。要充分考虑到幼儿的年龄、兴趣、特点以及运动能力的不同差异，尽可能地满足不同幼儿的不同需要，这有助于幼儿在不同水平上都能实现运动兴趣、运动能力的发展。比如，在“平衡区”中，有高低不同的平衡木，也有大小不一的梅花桩，还有弯弯的拱形桥、平衡板和轮胎组合的斜桥等。这些不同功能的游戏材料，为不同运动能力、动作发展水平的幼儿提供了更加充分、自主的选择机会，促使每个幼儿在原有水平上都能得到提高。

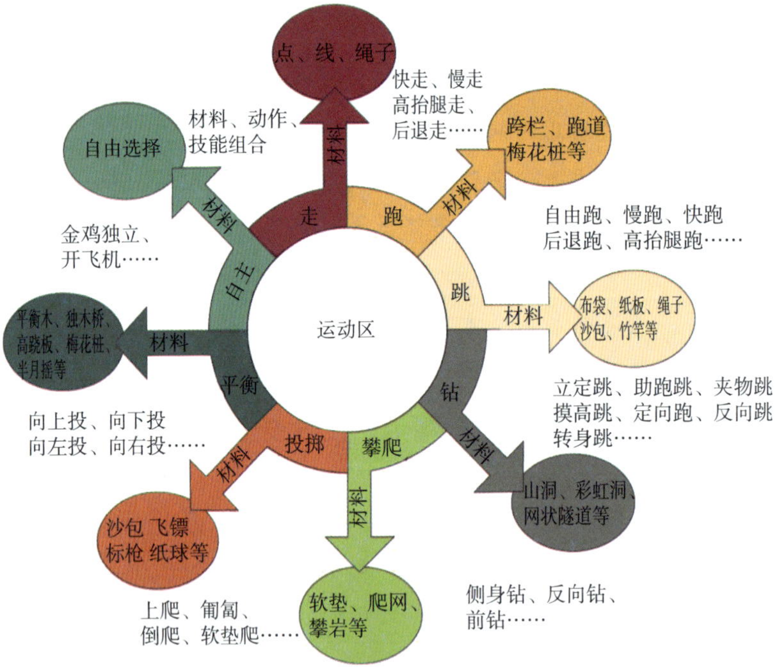

图 4-14　户外自主性运动区材料投放

七、自主性运动区活动组织策略

（一）利用环境引导幼儿有序活动

为保障活动快乐有序地进行，教师可以利用环境中的一些材料，如标志物、音乐等起到暗示作用，让幼儿在活动中建立良好的规则意识。例如，每个区域均有文字或形象标识，让幼儿根据标识有意识地选择区域，同时根据活动场地限定人数，根据内容确定材料，引导幼儿在活动中进行自动调整。

（二）教师的指导

1.尊重幼儿的个体差异

教师应尊重幼儿的个体差异，把幼儿作为游戏的主体，遵循他们的身心发展特点，促进幼儿更加全面的发展。例如，在活动开始前，教师可以根据活动应达到的目标和幼儿的需要，创设一个合理、安全的活动环境，在游戏中通过师幼共同制定游戏规则与玩法，允许幼儿自主选择游戏器材，解放他们的天性，充分发展幼儿的自主性。

2.合理安排，保证充足的空间、材料与时间

不同年龄段的幼儿有其自身的年龄特点和个性特征，因此不同年龄段的幼儿要有适宜的材料供他们在合适的空间中进行活动。此外，活动场地容量、活动时间安排、活动中合理的人数安排，都是很重要的。这样开展的活动才能更有效地避免幼儿之间有摩擦与矛盾，使幼儿在自我满足的条件下身心愉悦，达到运动量，体验多种运动的快乐。

3.注重观察与指导，适时介入

教师应做到耐心观察、适时介入，支持和尊重幼儿特有的想法和做法。在活动前，做好前期分析、内容预设；在活动中，分析幼儿的游戏情况，了解他们的心理活动，观察活动是否能真正激发幼儿的兴趣，材料的投放是否符合幼儿身心特点和接受能力，根据情况适时介入。当幼儿的动作不规范或出现危险情况时，则可以使用及时介入、动作示范介入、有趣语言介入、引导观察介入等方法帮助幼儿顺利地进行游戏活动。

【案例 4-20】我们的约定

在幼儿园的孩子们做早操时，教师发现许多孩子不遵守规则，收拿器械时无序、混乱，甚至还发现活动时有孩子拿双节棍打人等行为。于是，教师将这一现象录制下来让孩子们进行观看，发现自己的问题，并讨论该如何进行解决。讨论后，教师指导幼儿开展了“我们的约定”活动，让孩子们分组讨论、制定早操规则，用绘画的方式进行展示，并分享自己的想法，最后进行讨论、

汇总，得出结论。

首先，孩子们观看自己做早操的视频，然后分成四个小组，各自讨论做早操时大家的问题在哪里。每个小组推荐一个孩子将大家指出的问题进行汇总并讲述。

其次，讨论应该怎么来解决这些问题。

铭铭说："我觉得我们收取器械时最乱，每次都会和前面的小朋友撞在一起，如果我们能排好队再拿器械，一定就不会那么乱了。"

希希说："皓皓玩儿那个双节棍的时候，经常打到我。"

彤彤说："我觉得玩儿双节棍的时候应该专门在一个地方玩儿，这样就不会打到了呀！"

……

经过一番讨论，每个小组都找到了一些解决问题的方法，于是再由每个小组推荐一名小朋友说出自己组想出的办法。

最后，小朋友讨论得出最好的解决方式，由一个小朋友进行汇总，并在大白纸上记录下来。

就这样，"我们的约定"就完成啦！

在这个过程中，孩子们全程参与规则的制定，有作为主人翁的意识，参与感十分强烈，因此孩子们也十分愿意遵从自己制定的规则。这样一来，早操活动的开展也就十分顺利且有序了。

（a）

（b）

图 4-15　幼儿在户外有序开展活动

幼儿日常的活动大多以户外的运动为主，但是下雨天地面积水较多，在湿滑的地面幼儿容易摔跤、碰撞，而且有的孩子体质弱，在雨天玩耍容易引发感冒。那么，下雨天教师应该怎么办呢？

首先，教师可以告诉家长本次活动的内容，如跳水坑、玩水等，如果愿意参加，请给孩子准备好雨衣、雨鞋、雨伞……还要请家长为孩子多准备几件换洗的衣物。其次，在游戏活动前，教师应事先对各种安全隐患进行排查，并仔细检查幼儿的着装，对幼儿进行安全教育，增强幼儿的安全意识和自我保护技能，保证幼儿活动的安全。最后，根据场地、幼儿人数等合理安排活动时间和空间，避免在集中游戏中因幼儿人数太多，造成拥挤、踩踏、滑倒等危险状况的发生。例如，可以把能力强的和能力弱的幼儿分为一个小组，让大、中班的小朋友和小班的幼儿进行混龄，让幼儿探索和交流，提高沟通能力和语言表达能力，促进其与同伴的人际交往能力发展。

【案例 4-21】下雨的日子里

每年的 6 月至 7 月，下雨挡住了幼儿外出活动的脚步，幼儿郁闷地感知和体验天气对自己生活与活动的影响，但也对雨天外出活动充满了期待。那么，我们下雨天可以干什么呢？教师鼓励幼儿准备好雨衣、雨伞、雨鞋等各种雨具到户外对雨进行探究。幼儿想知道雨水是什么颜色的，小雨滴滴答答地落在哪里了。

于是，他们找来瓶瓶罐罐、铁盒、安全帽等不同材质、口径的容器，把它们放到屋檐下、操场上等不同的地方进行“收集雨水”的实验，看一看、比一比谁接到的雨水多。

幼儿发现在屋檐下接的雨水多，可是有些屋檐比较高够不到，就会请个子高一点的小朋友或者高年级的哥哥、姐姐帮忙收集。在收集过程中又发现小手没有瓶子接得多，因为指间有缝，还发现口径越大的容器越容易收集雨水，以及雨水不是白色的，是透明的，等等。进行“收集雨水”的探究后，幼儿继续讨论收集到的雨水可以做什么。最后决定把这些雨水用来浇花，洗自己的雨鞋，打水枪等。

幼儿天生就是探索家，一个让人烦心的雨天可以成就幼儿自主建构有关水的经验的探索实践活动、体验活动。幼儿在探索中不仅解决了“下雨天玩什么”的实际问题，也发现了事物与事物之间的关系。

下雨天除了可以做一些简单的户外运动，还可以在室内的留白空间或教室的运动区里进行一些室内运动。比如，在楼梯间，孩子们可以玩台阶的游戏，从台阶上往下滑，手扶着栏杆滑，也可以在幼儿园的各个角落找一些合适的材料探索台阶的新玩法，或者把台阶当作舞台进行表演；在楼道区域，孩子们可以做一些简单的身体移动的运动，如跑、跳、走等；也可以借助小的运动器械进行游戏，如抢椅子、转呼啦圈等。

幼儿的户外活动空间应该划分成不同的区域，以满足不同运动的需要。我们认为，幼儿的运动发展遵循一定的规律，设置不同的户外运动区域，可以更好地满足幼儿对不同运动的需要，更好地彰显幼儿的自主运动，回归游戏的本来精神。

幼儿园的户外自主运动区域游戏活动正是为了给不同层次、不同水平、不同需求的幼儿提供更为宽松、自由、自主的运动机会，把幼儿的自主体验放在活动第一位。因此，创设自主、开放的幼儿园户外运动区域，在区域划分和材料投放的过程中应尤其重视动态环境的设计与布局，努力做到“自由、自主、开放、互动”，让幼儿在运动中，既能发展动作技能，又能提高身体素质，还能最大限度地感受愉悦的心情，让孩子们在运动区的自主性游戏中实现自由观察与体验，为户外运动区的活动增添游戏情趣。

第四节　自主性生活体验区活动组织与指导

生活体验区，是一个体验式的场所。幼儿通过在此场所里体验各种生活角色，以身临其境的感受获得对此角色的认识或认知。1999 年，第一家幼儿体验区在墨西哥诞生。随着职业体验项目在全球的普及，幼儿职业体验也开始在美国、日本等国家流行起来，成为孩子们的乐园。生活体验区之所以得到孩子的青睐，是因为它能充分利用环境或场所设置为幼儿自主开展多种活动提供丰富的资源。它是通过对生活场景的创设让幼儿回归生活，自主参与体验不同生活角色行为的一种游戏活动。幼儿可以穿不同的职业服装进行职业扮演的体验游戏，能自主分配角色、主动加入同伴活动，并在游戏活动中学习协商、合作、谦让、分享等技能。简言之，自主性生活体验区就是让幼儿在场景中自主游戏，在自主游戏中参与体验，在体验中学习、成长。生活体验区是充满生活气息的儿童游戏地、成长地。

一、生活体验区的概念

生活体验区作为一种以实景方式展示幼儿生活的区域自主性游戏，是幼儿园自主性游戏的重要组成部分。幼儿在生活体验区参加的各种活动，应能帮助其认识生活，充分感悟，获得智力、道德、情感、社会性等多方面的发展，因此，教师设计幼儿自主性游戏要与幼儿的生活密切联系，要根据陶行知先生“生活即教育”的理论结合“大生活、大社会”来创设环境。

幼儿生活体验区是指在幼儿园为幼儿提供各种高仿真设施、道具和模拟场地，使其在不同的生活模拟体验主题场景中扮演各种角色，融于生活化的问题情境，进行生活化的活动，并在这些情景和活动中自主游戏，在游戏中积极互动，在互动中生发感性认识和社会认识。即生活体验区是通过“过家家”的形式，由幼儿扮演成人世界的各种社会角色，学习体验社会知识。幼儿生活体验区的活动过程是幼儿在玩乐中求成长，在互动中存学习，在游戏中促发展的过程。

生活体验区游戏与幼儿园的其他区域游戏有所不同。在其他区域游戏中，幼儿虽可以自主选择区域参与活动，但更注重个别化自主学习，而生活体验区游戏可打破时间、场地、年龄的限制开展混龄游戏，更注重社会化的体验式学习，即幼儿在生活体验区游戏中对社会活动的认识会更精细和完整。生活体验区的游戏活动成人化程度更高，更接近成人社会的生活实际，场景设置更全面，模拟真实性更强，幼儿社会体验更深刻。

二、生活体验区的价值

幼儿生活体验区的创设使幼儿从传统的家庭生活体验转向职业体验。幼儿在虚拟的环境中开展看得见、摸得着的体验游戏，通过游戏获得成就感，这也是幼儿对生活体验区乐此不疲的重要原因。幼儿在生活化的环境中可以自主活动、积极思考，主动学习技能。在这里，体验的过程就是教育的过程，就是成长的过程，其本质是自主体验，实践育人。因此，生活体验区的创设既可以满足幼儿的自我需要，提高幼儿参与游戏的自主性，又可以帮助教师提高观察、组织游戏过程的能力，促进教师的专业成长。

三、生活体验区的创设原则

在创设生活体验区时，不是随心所欲，随意创设，而要遵循以下基本原则。

（一）目标层次性原则

幼儿园环境是幼儿园课程的一部分，在创设生活体验区的环境和投放材料时，要考虑它的教育功能性，应使环境创设目标与教育目标相一致，并思考模拟的生活环境是否能够让孩子体验生活、适应生活，积累经验最终服务于生活。教育目的本身是一个体系，各层次之间既相互制约，又存在逐级达成的关系。① 因此，生活体验区要物化发展目标，投放与目标相一致的材料，引导幼儿自主操作。同时，还要考虑幼儿能力的层次性。生活体验区要尊重不同年龄层次、能力层次幼儿的需要，在投放材料和区域设置时不仅要体现年龄特点和难度递进，还要确保幼儿在生活体验区各个小活动区内与材料有效互动，遵循从简单到复杂的过程，逐渐实现从下位层次目标至上位层次的目标。

比如，在孩子们体验木工师傅角色游戏时，教师根据其年龄特点提供多层次的材料引导儿童自主选择活动内容，达到提升个人关键经验的目的。小班孩子可以学习用小锤钉钉子，练习将钉子钉入木板；中班孩子可以学习使用小锯子，练习怎样将木头锯成自己需要的形状；大班孩子可以学习使用简单的测绘工具，绘制简单的设计图。

（二）适宜发展性原则

生活体验区的环境创设和材料投放必须适宜幼儿的经验水平、接近幼儿“最近发展区”，与幼儿社会性发展密切相关。幼儿正处在身体、智力迅速发展以及个性形成的重要时期，有交往、创造等多方面的发展需要，因此，在环境布置中，要遵循幼儿的发展特点，创设与他们能力水平相适宜的教育环境，促使他们的能力能够在原有水平上不断提升。

在生活体验区中，环境创设和材料投放要适宜不同的年龄阶段、同一年龄阶段的不同发展水平、不同家庭和文化背景的幼儿。正因为幼儿的游戏水平各

① 柳海民．教育原理【M】．长春：东北师范大学出版社，2006.

不相同，所以生活体验区的材料的数量、种类、特征、可探索性和搭配方式都要根据幼儿的人数、年龄差异以及经验水平而进行选择性投放。例如，在“娃娃家”，小班的幼儿喜欢动物绒布玩具，他们玩耍的游戏情节也是相对比较简单的，如妈妈拥抱孩子、哄宝宝睡觉等偏向情感类的游戏；而在大班孩子开展生活体验馆“娃娃家”活动时，可提供一些具有情境性的材料，如“白雪公主的舞会”“灰姑娘与后妈之间的故事”等主题性材料。小班孩子会选择布绒玩具是因为他们的情感依赖性更强。小班孩子刚离开家庭、离开父母，进入幼儿园的班级“小社会”开始学习独立生活，他们还有一定畏惧心理，因此会希望父母的爱能一直陪伴自己。所以，在开展生活体验区游戏活动时，要投放一些情感类的材料，供幼儿操作、体验、抒发情绪，表达心理情感和愿望。而我们在观察大班幼儿游戏时会发现，因为他们的独立意识更强，所以彼此之间不愿意有过多的身体接触，也会觉得“手抱绒布玩具亲一亲”是一种比较幼稚的行为，因此他们对情感类的材料兴趣有一定的减弱，但对有故事情节性的操作材料会更喜欢。大班的孩子合作意识相对提高，他们已经学会如何自己分角色、也很明确自己角色所对应的语言，因此，他们会经常一起进行小组式玩耍，甚至还会自己口头创编一些情节进行合作性游戏。

（三）安全卫生性原则

生活体验区的创设，要充分考虑其卫生安全因素，只有确保幼儿安全，才能有效地进行各种生活角色的体验。

首先是物质安全。生活体验区的物质安全要从材料做起，前期购买材料时，要按《幼儿园教育装备规范》的基本要求选择有资质的商家。在材料管理方面，要分派专人进行材料的购买和管理，包括卫生、安全、规整、补给等，先进行材料统计，建立表格登记和材料报备制度；再对材料摆放进行规整分类并贴标，购买专门的篮子进行统一规划放置，这样既整洁又方便老师和幼儿整理。除此之外，还要采用定期检查、专人督察、随时排查的方法进行使用过程中的严格管理。尤其是幼儿开展角色游戏体验之前，应由专人负责定期检查，以保证幼儿游戏的安全。比如，生活体验区的材料在使用一段时间后难免会出现一些损坏：“木工坊”的木质材料在使用一段时间后会出现一些毛刺、毛边的情况；“美发屋”的小躺椅长时间使用会损坏等，这就要求教师必须严格检查，经常更换材料，避免幼儿在操作时出现受伤的情况。而生活体验区的“小厨房”更应注重卫生安全。要定期检查“小厨房”的食材是否过期，“小厨房”的刀具有无损坏、餐具是否卫生，“小厨房”选择的饮食主题内容是否绿色健康等，这些都需要随时排查、专人督查。

其次是幼儿心理安全。对于儿童来说，活动时心情愉悦是最重要的。教师在为他们创设一个熟悉的生活场景时，要让他们在这个场景中能精神放松，愿意主动并有安全感地参与游戏。教师自身不随意介入，不过多干涉和强制要求幼儿做某种违背其自己意愿的行为，可作为一个观察者或者被动参与者的角色陪同幼儿游戏。

（四）关联性原则

1.幼儿生活体验区各个小活动区之间的关联

在创设生活体验区时要考虑环境的有效性、延展性，构建游戏的多元化。在生活体验区中，各个小活动区设置之间是相互联动、相互融合的。比如，孩子在“木工坊”体验木工师傅角色时可以利用各种材料制作许多小手工，有的孩子制作的小手枪还可以投放到巡逻小分队；孩子们在“魔法厨房”制作的泡萝卜也可以拿到“超级市场”进行买卖等。生活体验区的各个小活动区之间是相互关联的。

2.幼儿生活体验区与主题活动、家乡文化之间的关联

在生活体验馆的创设中，要考虑融入相应的文化元素，传递文化蕴意，体验文化精神。生活体验区的游戏活动可以结合家乡文化背景创设主题式游戏情景，从息息相关的生活出发去丰富幼儿的认知体验。例如，在“我爱家乡”主题活动中，幼儿对四川宜宾的印象是醇香的五粮液、蜀南的竹海、李庄的白肉，但其实僰道出香茗，悠悠三千载，宜宾的茗品茶香，更值得一说。宜宾的红茶被誉为中国三大红茶之一。于是，针对此主题“娃娃家”的“小茶吧”应运而生。在此，可以将家乡的各种好茶与孩子们分享，让他们也能嗅茗香、品茶味、听茶歌、习茶道。孩子们在品茶的过程中也能了解宜宾红茶萎凋、揉捻、发酵、干燥的制作步骤。

【案例 4-22】品茗习道

宜宾的茶叶与白酒一样，是一张重要的名片。当你漫步在宜宾的街头巷尾，无处不见茶的踪影。所谓“深山晨晓清明意，一叶春茶闽乡情”。此时正值清明时节，为了让孩子们对茶叶有更深的认识，我们在班级开展了“一茶一

叶”的主题活动，结合主题活动内容又在生活体验区的“娃娃家”，投放了一个“茶吧”。

图 4-16　师幼共同设置的“茶吧”

孩子们每次来到生活体验区，“茶吧”便是首选。当教师经过“茶吧”时，看到婷婷正用娴熟的动作在一本正经地扮演着茶馆服务员的角色。只见她换上青花布衣服与头巾，冲洗干净手，安静地坐在小椅子上面，拿起旁边的滤嘴，放到茶盏上，然后拿起茶壶，朝着滤嘴倒起水来。茶壶中的茶水通过滤嘴，流入茶盏中，等到茶盏中的水满了，婷婷将茶壶放在了一边，又将滤嘴从茶盏上拿起来，放回架子上。接着，婷婷又拿起茶盏，将茶盏里的茶水倒入自己面前的一口杯中。这娴熟的动作俨如一个专业的泡茶者。从整个过程中，教师看到的不仅仅是她泡茶的动作，更是她从更衣、净手、坐姿、醒茶等整个泡茶过程中的茶礼仪、茶文化的渗透，同时，还看到了孩子那一丝不苟的严谨的泡茶态度和泡茶过程中的那份细致和精致。

当这一系列动作做好后，教师看到她悠闲地举起一口杯，沿着杯子边缘，轻啜了一口，还悠然地轻轻点头，好一副陶醉的样子。

从头到尾她都在“茶吧”细细品味着，俨然一个幽静的南方女子，而且还吸引了一群小朋友一起来品茶。

通过以上案例，我们了解到整个“茶吧”的活动都是孩子自主操作、自主游戏，游戏中有思考，游戏中有主见。因此，生活体验区不仅为孩子们自主游戏提供了场所，更为孩子多方能动性的发展提供了场所，也给予了他们完全自主学习、自主操作、自主体验的机会。

3. 与社会发展相关联

生活体验区的环境创设和活动设置不是一成不变的，是随着时代的发展而改变的。尤其是在互联网时代出现了很多新兴的职业的情况下（如快递行业），生活体验区也应跟随时代步伐创设新的职业体验游戏环境，开展新兴游戏活动，供幼儿自主体验。

四、生活体验区区域规划

生活体验区的区域环境创设要在充分遵循以上原则的基础上，进行合理的内容选择、场地布局。当选择好生活体验区职业体验内容后，要进行全方位区域规划。在进行区域规划时要考虑幼儿的生理、心理特点和行为方式，并以此为依据进行各个职业体验小区域的设置、布局。各个小区域除了要在场地设置时考虑区域联动外，还要在模拟仿真环境时考虑幼儿的感官方式（如视觉）以及幼儿的活动线，使幼儿能全身心地投入其中，调动自主游戏和学习的冲动、意愿，进而促使幼儿获得更深刻的游戏体验。

打金街幼儿园生活体验区以幼儿原有生活经验为基础，科学规划、合理设置，创设了以培养幼儿生活自理能力、自我保护、合作交往等方面综合素质为目标的活动区域。生活体验区由“魔法厨房”“巡逻小分队”“娃娃家”“建筑工坊”“儿童医院”“美发沙龙”“超级市场”等七个不同区域组合而成，并在每个区域都投放了各种材料和工具，为幼儿提供模仿成人生活的机会，引导幼儿在活动中感受生活的丰富多彩和乐趣。

打金街幼儿园生活体验区区域平面规划设计如图 4-17 所示。各个小区域的材料投放如表 4-11 所示。

图 4-17　打金街幼儿园生活体验区区域平面规划设计

表 4-11　打金街幼儿园生活体验区各区域材料投放

区域名称	材料投放	
	营造环境	操作材料
美发沙龙	标志类材料：海报、环境标志、价目表等	美发转椅、全身镜、洗头躺椅、置物架、美发剪刀、尖尾梳、气垫梳、吹风筒、假发、发箍、发绳、装饰眼镜、发卡等
超级市场	超市海报、环境标志、物品价格标签、分区牌、收银台、置物架、购物车、购物篮等	游戏钞票 生活材料：拖把、水桶、纸巾盒 食品类材料：蛋糕模型、巧克力礼盒、坚果礼盒 饮品材料：可乐、果汁、牛奶、咖啡 粮油调示类材料：盐、味精、酱油、醋、油、米
魔法厨房	食谱、环境标志、营养表、壁橱、储物柜、灶台、水槽、餐桌、餐椅、桌布、餐具	面粉、擀面杖、水果、沙拉酱、儿童刀、削皮器、搅拌机、微波炉、锅、菜板等
巡逻小分队	警察标志、报警电话标志、座机、置物架、衣架	警服、警棍、警车、警枪、警帽、防弹衣等
儿童医院	医院标志、急救电话标志、药品价目表、病床、收费处、点滴架、置物架、挂号处	白大褂、护士服、护士帽、注射器、吊瓶、药品、处方单、医用口罩、听诊器、体温计、棉签等
娃娃家	衣柜、梳妆台、双人床、床头柜、电视柜、床上用品	布艺玩偶、各式衣服、儿童化妆品、香水瓶、梳子、首饰、台灯等
建筑工坊	木质大长桌、长凳、作品制作图示、作品展示	刨花机、扳手、榔头、铁钉、锯木机、梅花钳、一字钳、木块、安全头盔、护目镜、水龙头等

五、生活体验区区域材料投放技巧

活动的质量。生活体验区自主游戏活动能否有效开展，幼儿的体验能否深刻，材料起着关键性作用。为幼儿投放合理、有效的材料可以使幼儿在自主活动中充分表现，在游戏中利用材料互动，尽情发挥想象力和创造力，将游戏潜能完全激发出来，并畅所欲“玩”。那么，如何在生活体验区投放相关材料，以满足不同层次幼儿的发展需求呢？

（一）针对幼儿兴趣投放材料，满足幼儿身心需求

在生活体验区的自主性活动过程中，我们总会发现，孩子们不会按照自己的水平来选择适合他们活动的材料，而往往是按照自己对材料感兴趣的程度来选择，因此在投放材料时要选择一些幼儿感兴趣的材料。比如，在“娃娃家”中，小班幼儿和中班、大班的女孩子都比较喜欢绒布玩具，尤其喜欢动画故事中的角色人物。因此教师在投放材料时可以选择《冰雪奇缘》《小猪佩奇》《巴啦啦小魔仙》等主题的绒布玩具，或者是仿真道具、头饰等，让幼儿可以利用这些玩具或道具、头饰进行角色语言和动作的模仿，体验角色特点，感受故事情感，以促进幼儿社会性发展。再如，在“警察局”投放材料时可以提供多种警械装备，包括各种枪械和车辆，如手枪、冲锋枪、狙击枪、特巡警车、平时出警使用的警车、犯人关押专用车、运钞车等。幼儿在开展游戏时就可以根据自己想要体验的不同警察的身份进行不同器械的选择。当自己想要扮演社区民警时，便可以选择一般出警车辆和手枪，以及辣椒水、手铐等简单的材料；当想扮演特警出比较危险的任务时，便可以选择特警车、装甲警车、防弹衣、绳索、狙击枪等具有角色任务性的材料。

同时，在幼儿游戏的过程中，教师要注重观察幼儿的兴趣，根据幼儿的兴趣进行材料更换。当幼儿在开展游戏活动一段时间后对某种材料失去操作兴趣时，教师要及时调整、灵活引导，鼓励幼儿探索材料更深层次的功能，以促进材料最大价值的发挥。

（二）针对职业特点投放材料，满足幼儿职业体验需求

生活体验区的材料投放应该是丰富多彩的，但并不是说越多越好。学龄前幼儿的注意力具有不稳定性，过多的职业体验材料虽然会吸引幼儿参与活动，但易造成幼儿眼花缭乱，分心频换，一会儿玩这个，一会儿又拿那个玩玩，一物摆弄片刻又换另一物。因此，材料的投放要考虑材料与职业特点和活动目标的关系，做到职业角色类材料、辅助类材料的有的放矢、互融互补。要针对职业体验教育功能进行投放，如在“美发屋”区域需要体验洗发、理发、吹发、烫发的过程，因此要投放不同种类的仿真剪刀，让幼儿主动体验使用不同剪刀剪出的不同发型效果，感受不同类型剪刀的功能，以便学习了解针对不同的角色人物应该剪出哪种适合的发型。同时还要为幼儿投放不同价位、不同品牌、不同功效的洗发水。这样，幼儿在扮演“理发师”角色的时候就可以根据“顾

客”发质特点和消费愿望来提供一些建议。通过这些材料的引导，“理发师”和“顾客”之间的互动便建立起来。幼儿在这样的角色互动中，语言能力、角色体验度也会随之提高。

六、生活体验区的活动组织与指导策略

生活体验区环境创设要为方便幼儿开展更深刻的游戏体验活动服务。它以幼儿自有经验为基础，通过模拟自然和社会生活场景，对大生活、大社会进行深刻的体验，让幼儿在体验中直接接触、亲身感受并获取经验和知识，以促进幼儿社会交往能力、社会生活能力的发展。因此，在生活体验区为孩子们创设不同的职业角色生活和工作情境，激励和激发孩子走进去，是最关键的一步。

生活体验区的创设所要达到的效果是：孩子一走进生活体验区，就能被其温馨、整洁、童趣，富有社会模拟性的环境所吸引，愿意主动地全感官参与学习，全身心参与体验，全自主参与活动，全过程获得理解。虽然生活体验区的游戏是幼儿自主式、体验式学习，但是需要教师有效观察、适宜帮助、善于引导和有效介入。只有教师适时地提供相应的帮助和有效的引导，才能推动幼儿获得更多的社会性经验积累，获得更深层次的社会体验。

（一）从幼儿生活情境出发着力拓展生活经验式游戏课程，丰富角色体验过程

生活体验区中的每一个小区域都可以有自己相应的游戏内容和游戏方式。这些不同的游戏内容和游戏方式在幼儿的自主活动中逐渐丰富，不断创新、拓展，最终形成幼儿的自主性游戏课程。下面以“魔法小厨房”区域的食育游戏体验课程为例进行介绍。

在“魔法小厨房”中，食育是幼儿自主体验游戏活动的内涵所在。幼儿在生活体验区开展扮演小厨师制作美食的体验游戏。不同的美食制作便是不同的操作过程，也是不同的体验式课程学习。每一次的美食制作体验融合在一起便成了一个系列的课程。每一次不同的游戏体验，教师都会根据不同的内容提供不同的材料。

1.“魔法小厨房”活动材料投放

在“魔法小厨房”中，首先投放的是厨房基本用具：烤箱、电磁炉、打蛋

器、砧板、锅碗瓢盆、擀面棒、刀叉、桌布等道具。在这里，幼儿可以自由选择材料，自主烹饪各种“美食”，煎、炒、烹、炸、烤，样样不落下。这些材料为孩子们的游戏活动提供了基础保障。除了基础材料外，“魔法小厨房”还会根据时节提供各种蔬菜、水果；根据节日提供相应工具，如中秋节提供一些月饼模具，端午节提供糯米和粽叶等；根据幼儿阶段性兴趣和年龄特点提供一些面粉、火锅底料、糯米粉等食材。幼儿可以根据自己的经验水平选择材料并进行美食制作。例如，在萝卜出产季，教师在“魔法小厨房”提供了丰富的萝卜材料，并结合四川本地特点提供了一些泡菜材料和工具。这些材料的提供为幼儿开展活动提供了思路和方向。

【案例 4-23】萝卜畅想曲

在萝卜出产季，各种萝卜都获得了大丰收。在生活体验区的“魔法小厨房”，教师为孩子们提供了多种多样的萝卜，有樱桃萝卜、胡萝卜、大白萝卜、长条萝卜、专门的泡萝卜、青花萝卜等。教师为孩子们提供的各种萝卜引发了幼儿的兴趣。有的幼儿不由自主地开始切萝卜，并利用生活体验区的各种烹饪工具有模有样地摆弄起来。还有的幼儿看到“魔法小厨房”里的玻璃瓶子便突发奇想开始装水做泡菜。而这一行为引起了更多孩子的兴趣和支持，大家纷纷参与到泡菜游戏活动中来。他们有的挑选萝卜，有的切，有的装水，有的放料，有的甚至在玻璃瓶上创设 Logo。一场关于泡菜萝卜的“旅行”便在孩子们自主参与、自主分工、自主操作的游戏中开始了。

孩子们在着手制作的过程中，从泡萝卜的挑选、清洗、去污，到切块、装坛、封坛，都是按自己的心愿，根据自己的经验进行的。其中一个比较聪明的孩子还承担了“领头羊”的角色，带领其他孩子对泡萝卜的方法进行了设计规划；个别有经验的孩子还承担了指导其他幼儿泡萝卜的任务。

孩子们从看到材料后的自发行动到自主操作，再到最后完成泡萝卜的制作，形成了一次关于泡萝卜的体验式学习。在此次“魔法小厨房”的体验游戏活动中，孩子们通过自主操作、思维碰撞，延伸出一个新的课程游戏活动，也体会到了发现问题、思考问题、解决问题的奥妙。

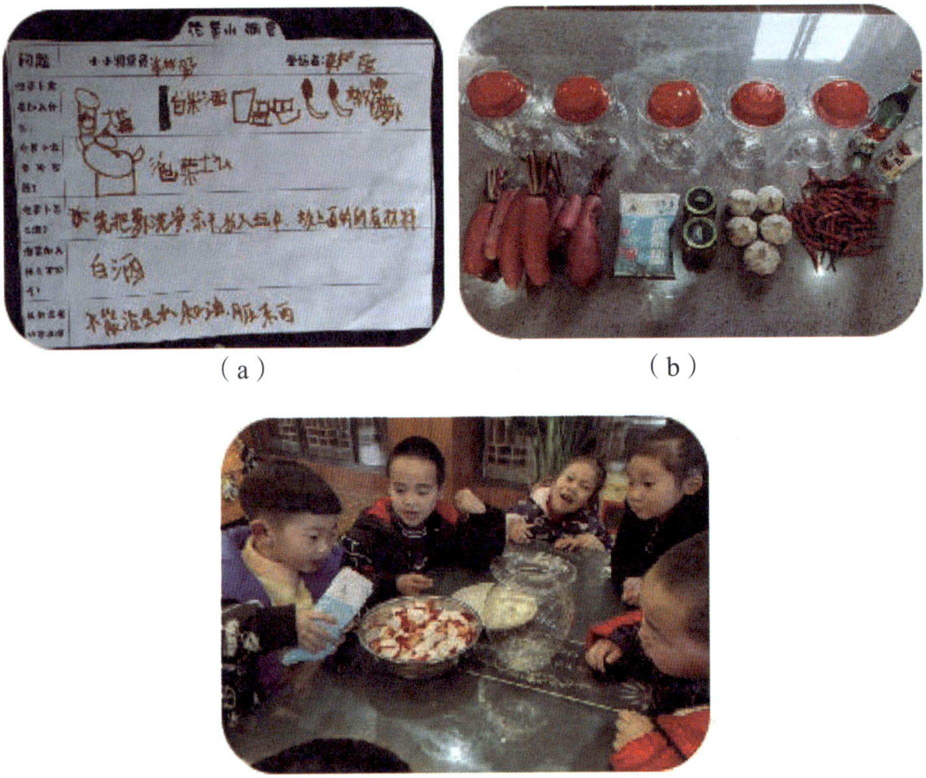

（a）　（b）　（c）

图 4-18　幼儿体验制作泡萝卜

人离不开食物，教育离不开生活，生活体验区的“魔法小厨房”正是从食育出发，为幼儿提供多种饮食制作的材料和场景，供幼儿自主尝试、亲身制作，使幼儿从中不仅了解了各种食物的制作方法，获得了饮食文化知识，而且体验了劳动的快乐、学习的快乐，这就是我们提倡的“自主式学习”。例如，比萨、蛋糕、蛋挞、五彩汤圆、煎蛋、寿司、月饼、水饺、粽子、美味火锅、泡制四川泡菜等制作活动都是从幼儿的生活出发，利用节日特点或幼儿兴趣进行材料投放，供幼儿操作并在操作中体验学习的快乐。在“魔法小厨房”，小班孩子们通过利用教师提供的材料还自主开展了“包扎牛轧糖”，制作五彩汤圆、蔬菜面条、穿糖葫芦等活动；中班幼儿则开展了“月饼圆圆”“可口青团”等活动；而大班幼儿开展了“粽里飘香”“美味火锅”等活动。

图 4-19　幼儿在生活体验区“魔法小厨房”分享美食

幼儿自主操作活动的过程是体验不同类型厨师工作的过程。制作牛排是体验西餐师傅的工作，制作蛋挞、蛋糕是体验面点师傅的工作。通过不同的自主操作可以学习不同美食的制作过程，在这个过程中，幼儿是自由、自主的。从穿上专业的厨师服的那一刻，他们便开始了一次体验学习，因为整个过程都是他们自己亲身体验，并通过操作获得对食材、工具及饮食文化的相关经验。这样的过程日积月累，便满足了幼儿在家庭生活中未能满足的参与真实烹饪过程的愿望，也帮助幼儿了解了节日生活和中西方的饮食文化。

开展“魔法小厨房”体验式自主游戏，就是让孩子们在真正的游戏中探索和发现，从而得到更好的发展。然而，有的孩子会在游戏中漫无目的、毫无规则地乱玩，这样不仅会浪费厨房资源，也不利于幼儿自身的发展。对此，教师要走近孩子，指导他们去玩游戏，激发其自主性，助推游戏进程。

2. 生活体验区“魔法小厨房”的指导策略

（1）关注幼儿游戏需要，培养规则意识。在幼儿自主性游戏活动中，幼儿是主体，教师既可以是游戏活动的支持者，也可以是参与者，还可以充当合作者。教师既可以融入幼儿游戏情景，也可以作为观察者的身份进行观察。当教师发现幼儿的游戏行为出现一定问题时，可以进行相应的指导，针对个别幼儿出现的问题行为给予帮助。在游戏中，教师还要有意识地培养幼儿游戏规则，这样幼儿的自主性游戏才能在生活体验区长期、持续地开展下去。

【案例 4-24】创玩鸡蛋饼

上午十点，生活体验区的自主性游戏开始了。不一会儿，原本井然有序的“魔法小厨房”变得混乱不堪，厨具摆放杂乱无章，水果、蔬菜满地都是，有的“厨师”手忙脚乱地在做点心，还有的正哭闹着争抢食材和厨具。可见，孩子们虽然对角色游戏兴致颇高，但对游戏规则和游戏内容还不够明确，对自己角色的服务意识也不高，不能很好地参与游戏，才会导致如此混乱的局面。

在幼儿园教学活动中，教师既是活动的指导者、参与者和合作者，又是游戏顺利进行的助推者。在一次做鸡蛋饼活动中，教师以顾客的身份进入“魔法小厨房”，对孩子们说道：“孩子们，我也很喜欢做鸡蛋饼，今天我也来参加好吗？”得到孩子们的同意后，教师加入到活动中，并继续引导幼儿：“最近宜宾市正在创建卫生城市，我们让小厨房变成城市的窗口，让更多的游客都来品尝我们的美食吧！”教师的提议得到了孩子们的赞同。于是，孩子们都参与到清洁厨房中，打扫干净后，再开始切葱、和面、配调料，大家分工明确，相互配合。鸡蛋饼做好后，孩子们将其送到其他区域叫卖，香喷喷的鸡蛋饼瞬间吸引了大批孩子前来抢食。“营业员”急得大声嚷嚷：“不行，不行，不能吃，鸡蛋饼要用钱买的！”面对这一情景，教师问孩子们：“如果我们到商店买东西不付钱行吗？结账不排队行吗？”孩子们异口同声地说：“不行！”在教师的启发下，孩子们都自觉地排起队购买鸡蛋饼，有的手上没钱了，还会先到“银行”去取钱，再回来购买鸡蛋饼。在快乐的游戏过程中，游戏规则也应运而生。

每一种游戏都会伴有一定的规则，幼儿在自主性游戏中，也应该遵守相应的规则，才能更好地开展游戏。

（2）捕捉幼儿生活经验，开展自主性游戏。丰富的生活经验是幼儿自主性游戏的源泉，教师应善于挖掘幼儿已有的生活经验，确定游戏内容。例如，在包饺子活动中，孩子们提前做好了青菜馅和肉馅，食堂阿姨又送来了一堆孩子们自己在种植园挖的荠菜。“厨师”豆豆说：“我们再做一种荠菜馅的饺子吧！”于是，孩子们一起挑选荠菜，商讨清洗方法，确定烹饪过程，最后包出了三种口味的饺子。饺子做好后，孩子们都开心地品尝着自己的劳动成果。自主性游戏的开展往往与幼儿已有的生活经验密切相关，如果幼儿在游戏中失去了自主性特征，只是按照成人的意愿被动地参与游戏，便会失去游戏的积极性，而自主性游戏也会失去其原有的意义。

（3）整合其他资源，丰富游戏内容。在制作紫菜蛋汤时，孩子们饶有兴趣地把剩下的紫菜放进榨汁机中，榨出了紫色的汁液，然后拿到服装区给自制的浅色服装染上菜汁，变成新的表演服装。蚕豆收获的季节到了，“小厨师”们剥出蚕豆仁做菜。有的孩子俏皮地将剩下的蚕豆皮套在手指上，俨然成了手指娃娃的小帽子。在等待品尝美食的时候，孩子们开心地表演起了手指游戏。孩子们的创意给活动增添了许多乐趣，创设了无限想象的空间，同时和其他区域形成了联动。可见，生活经验和知识技能越充足，幼儿游戏的技能和技巧就越丰富。

（4）利用传统节日，体现游戏趣味性。每到中国的传统节日，都是“魔法小厨房”最忙碌的时候，也是孩子们体验式游戏最开心的时刻。例如，中秋节到了，孩子们以大带小一起做月饼，“魔法小厨房”里充满了浓浓的民俗味。不一会儿，一个个小兔子、小猫、小狗形状的水果月饼、果仁月饼就做好了，色香味俱全的月饼，让人不禁口水直流。因此，利用中国的传统节日开展富有生活化元素的自主性游戏，更能突出游戏的综合性、趣味性和活动性，让幼儿在感受传统民俗文化的同时，获得快乐的生活体验。

“魔法小厨房”体验式自主游戏是开启打金街幼儿园自主性游戏的第一步，让幼儿获得了真正的快乐，满足了其发展水平和发展需要。在生活体验区游戏活动中，教师引导、观察孩子们的自主创想和精彩表现，并记录他们的精彩瞬间，收集成册后形成属于孩子们自己的课程游戏，并更好地推动整个生活体验区体验式自主游戏的持久开展。

（二）从幼儿兴趣出发创设整体游戏情景，提供真实的职业行为体验，丰富幼儿的生活感受

1. 诱发情景式活动内容

幼儿在生活体验区中，除了在“魔法小厨房”体验厨师角色，还可以在“警察局”“小医院”“小超市”“木工坊”“美发屋”等区域体验生活中各种职业角色。幼儿在这些区域中的活动和魔法小厨房的活动又有一些差异。在“魔法小厨房”中，“小厨师”虽然也是一种职业，但职业体验的方式更多的是饮食课程。但其他区域的职业特征更明显，职业化色彩更鲜明。因此这些区域的职业体验呈现方式除了渗透主题活动内容外，还可以以情景导入的方式引导幼

儿自主发挥。如果以接近幼儿真实生活的游戏环境开展，便能潜移默化地影响幼儿，更激发幼儿游戏的兴趣和好奇心。

【案例 4–25】梦想中的职业

一名教师在大班创设了“时光隧道”，以此吸引幼儿融合所有区域进行游戏。教师在各个区域创设接近现实生活的环境，让幼儿自主游戏，在游戏中体验职业操守、职业行为和职业荣誉感。

活动首先以“我的梦想”为出发点，引导幼儿讨论自己的梦想是什么。有的幼儿的梦想是当警察，有的幼儿的梦想是当医生，有的幼儿的梦想是当建筑师，有的幼儿的梦想是当消防员……从孩子们的梦想出发，在生活体验区门前创设一个“时光隧道”，告诉孩子们穿过“时光隧道”，梦想就会实现，便可以去自主选择自己喜欢的职业进行工作。

（a）

（b）

（c）

图 4–20　幼儿在生活体验区开展角色扮演游戏

当孩子们穿过“时光隧道”的那一刻，他们充分地体验着“梦想成真”的感觉，对生活体验区各区域不同职业的工作行为也更认真、更积极、更有职业责任感。

在此次自主游戏活动中，通过创设一个主题情景将整个职业区域联系起来，从幼儿的兴趣出发吸引幼儿更积极主动地参与自主性游戏，促使幼儿在体验职业行为时更认真、更投入。

2.诱发情景式活动策略

诱发情景式活动要善于利用幼儿已有的经验牵引、激发幼儿主动创设情境，创新游戏形式。

在生活体验区的自主性游戏中，幼儿是活动的主体。他们在游戏中根据自己的生活经验和以往游戏经验来运用游戏材料，往往会比有所限制的游戏更能创新，更有效果，游戏的活动形式也不受限制。因此，在活动中，教师除了作为一个观察者的身份参与外，还有一个重要任务是激励幼儿创新游戏玩法，丰富游戏形式，以促进更多幼儿的游戏水平向更深层次发展。比如，在“小超市”的职业体验中，大部分幼儿会中规中矩地扮演售货员、收银员和顾客的角色，但也有一部分幼儿会突发奇想，根据自身经验进行“大促销甩卖”活动，并通过这样的形式吸引了大量“顾客”。他们有模有样地说着“大甩卖，最低价，不再讲价”之类的语言。还有的“售货员”看到别人“大甩卖”生意火爆，自己摊位却很冷清，便想出“打快板叫卖”的方法去吸引“顾客”。“大甩卖”“打快板叫卖”这些游戏情景的加入，使更多的孩子开始思考自己要采用什么情景、什么方法去吸引别人。这两种创新的游戏形式也吸引了更多“超市售货员”开始模仿，开始积极思考自己的售卖方式，甚至思考怎样才能不仅生意好而且收益大。一场轰轰烈烈的买卖场景在孩子们完全自主的情况下进行了一次次不同程度的创新，也不同梯度地促发了幼儿主动学习，从而使他们的语言表达能力、思考能力、主动解决问题的能力、生活经验水平也在潜移默化中逐步提高。

每一个人的童年都是在游戏中度过的。曾经，甩陀螺、踢毽子、跳房子、滑山坡、弹弹珠等传统游戏陪伴着孩子们成长。今天，生活体验区、其他区域游戏、智能游戏伴随孩子们的童年。在生活体验区让孩子们自由、自主、自创、自玩、自我体验的这种活动方式更能激发他们的主观能动性，更能刺激幼儿在操作中思考，帮助幼儿形成在思考中主动解决困难的学习品质。

第五节 自主性表演区活动组织与指导

一、表演游戏的概念

表演游戏是幼儿最喜爱的一种游戏，也是区域游戏中最重要一个部分。表演游戏是一种融合了舞蹈表演、音乐欣赏、服装造型、故事表演的游戏，可以使幼儿在轻松、愉悦的状态下进行游戏。《幼儿园教育指导纲要（试行）》中明确强调："要为幼儿创设宽松的学习环境，激发幼儿的艺术情趣，体验幼儿的精神审美愉悦和艺术创作的快乐，体现艺术创作的成就感。"传统表演区包括了语言表演类、音乐表演类、想象装扮类三种形式的表演游戏。以往在进行传统的表演游戏时，教师是导演，幼儿按照教师的方法和步骤来进行游戏，缺乏对于自己游戏角色的认识和理解，自主性不能得到很好的发挥。

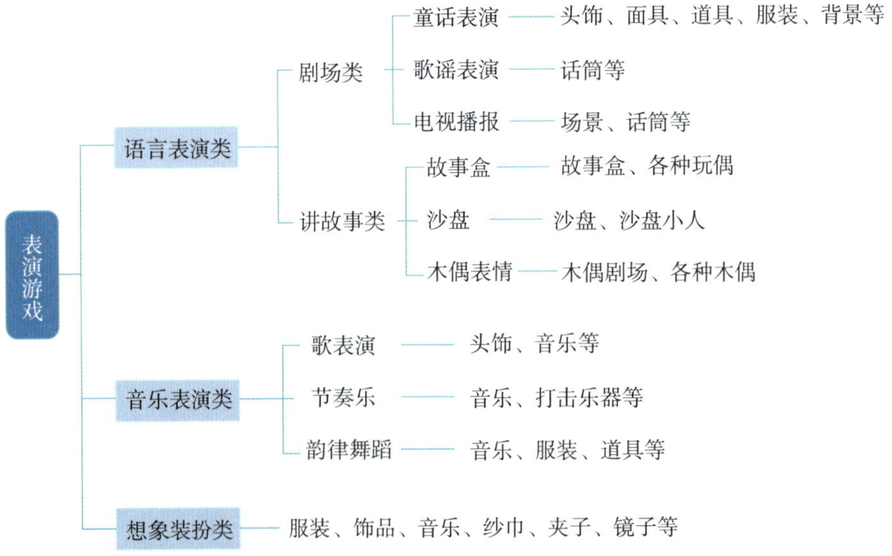

图 4-21 自主性表演游戏分类

二、自主性表演游戏概念

自主性表演游戏是指幼儿在教师创设的一种表现性情景和素材中，自主创设一个表演性游戏环境，并自主选择感兴趣和喜爱的素材进行的一种表演性的游戏。幼儿开展游戏的过程就是自主规划和自主设置场地、自主创新游戏主题、自主选择扮演人物和角色、自主选择素材、自主创造和改编故事情节、自主选择参与游戏的玩伴，并获得自我兴趣和需要的满足，形成健全人格的过程。自主性表演游戏为儿童提供了学习、发现和创造的机会。

三、自主性表演游戏的价值

表演是幼儿表达的一种方式，在表演过程中，幼儿需要运用多种感官，调动多方面的经验。

幼儿在自主性表演游戏中与其他同伴进行交流与沟通，自主练习按照剧集的情节来使用语言，能提高语言的灵活性、丰富度和创造性，促进语言的培养与发展。幼儿自主性表演往往并非一个个体或者团队组织的单一行为，而是每一位同伴之间的相互配合与协调的过程。在这个过程中，幼儿需要掌握如何运用自己的协商、合作、分工、互帮共助以及解决问题等社会行为技巧。所以，自主性表演游戏是培养幼儿的社会化素质和自主发展意识的一个重要方式。

四、自主性表演区的环境创设原则

环境也是重要的教育资源，一个好的环境对于幼儿具有一定良性刺激和促进作用。区域性自主活动本身就是幼儿自主选择、主动发展的一种学习形式，因此教师在针对自主性表演区域进行计划时就要打开思路，根据自己所能充分利用的资源来进行环境的创设，提供素材，引发全体幼儿积极参与。创造恰当的环境是培养幼儿顺利进行自主性游戏活动的首要条件。因此自主性表演区环境的营造和创设需要遵循一定原则，充分调动幼儿独立进行自主性表演的兴趣。

（一）开放性原则

传统的表演区游戏常常是对故事的一种再现或模仿，它们都是在教师的掌握和控制下进行的一种游戏，目的主要是培养幼儿对于教师的一种模仿和服从，缺少的是培养幼儿对于创造性的热情，这种游戏形式会扼杀幼儿对生活童趣的想象。自主性表演游戏是幼儿自主选择表演角色、自主制作表演道具和场景，自主创编表演情节，幼儿间自发地进行沟通和交流的互动过程。教师不再禁锢和主导幼儿的游戏，而是鼓励幼儿自由的自我表达和创造。

（二）适宜性原则

教师要通过引导幼儿根据自己表演的主题和剧本进行认真的思考，与幼儿一起营造与表演主题有关的情景和环境，为幼儿提供多种可以帮助表演的辅助素材，让幼儿和同伴一起讨论、商议、选择游戏道具。教师设置的自主性表演游戏的内容，以及故事中的动作、对白、表情都要符合各个年龄段幼儿的身心和年龄特征，活动难度也要与幼儿的综合能力水平相适应。

1. 适宜的空间

自主性表演区里的幼儿都会自主地进行交流、表达，会在表演中使用一些乐器，因此需要教师因地制宜地规划表演区空间，可以将表演区设置在班级、廊道，或者户外的某个角落，还可以是在电子白板区域。教师可以充分利用悬挂透明的帷幔、镂空的屏风等多种自然装饰材料对整个空间区域进行立体分隔，让幼儿能自然、直接地感受整个游戏区域的空间大小。

2. 适宜的材料

材料投放要适宜幼儿的年龄特点和兴趣需要。如小班幼儿喜欢装扮游戏，可投放坚固耐用、结构简单、色彩鲜艳、富有刺激性的感官特征的装扮类材料；中班幼儿喜欢故事表演，可投放绘本、音乐、乐器，以及可操作的表演性材料；大班幼儿喜欢创造性的舞台展示，提供的材料则要具有探索性、低结构和可操作性强的特点。

【案例 4-26】小羊和狼

在羊与狼的短篇故事《小羊和狼》中，我们根据整个故事所需要展示的人物内容和剧情，分别使用旧的彩色悬挂式挂历纸、鲜艳的彩色丝棉塑料袋设计、制作了小型的动物服装；用老式的彩色丝巾制作了小型动物的整个身体和头部的羽毛，还在废旧的彩色长筒袜中填充了彩色丝棉，把它们做成小型动物的头、尾巴、鼻子（像一只无头大象）等；还用几块彩色泡沫板拼成了流水的小河（一些幼儿想要自己制作流水的小河）；还有的幼儿把有图案的贴纸裁剪成条，粘贴到地上用它充当一条流水的小溪，用积木搭建一个房子和一棵高高的大树。

（三）趣味性原则

自主性表演区的环境要富有童趣，满足幼儿的心理需要，要让幼儿觉得好玩儿。不论是颜色的搭配、图画的应用、材质的选择，还是形象的塑造等均要符合幼儿的审美。同时要遵循幼儿的兴趣点，小班、中班、大班要有所区别，同一年龄段不同班级也要有所区别，只有遵循幼儿的年龄特点，满足幼儿兴趣的表演区环境，才会吸引幼儿。

（四）合理性原则

自主性表演区的环境创设要综合考虑空间、关系、材料和时间等多个因素，从不同方面着手为幼儿创设良好的环境。

1. 合理的区域布置

一方面，要设置专门的自主性表演游戏场地，避免区域间相互干扰，摆放材料的柜子等要采用开放式设计，以便幼儿随时观察和自由取放；另一方面，要注意控制好人员密度。过于狭小的空间不仅易诱发矛盾冲突，还会限制幼儿的肢体动作和行为方式，进而影响表演游戏活动。此外，表演区的环境可适当留白，以便幼儿随时创作。

2. 合理的材料投放

投放的材料数量要适中，过多或过少都会影响游戏活动的开展。要采用不同结构的材料，且不同结构之间要有过渡空间。高结构的材料形象逼真但功能固定，对幼儿的想象和创造空间会有所限制，在使用时应当注意；一些功能模糊的低结构材料反而有利于幼儿的发挥。此外，还应该为幼儿准备一些可拆卸、可重组的材料，留给幼儿无限探究的空间。

3. 合理安排充足的时间

在充足的游戏时间保障下，幼儿可以充分、自主地参与，实现环境的自由组合。充足的游戏时间是保证幼儿有效开展表演游戏的先决条件，教师应提前计划并灵活调整游戏时间。

五、自主性表演游戏区创设的方法与策略

（一）自主创设游戏环境

陈鹤琴先生说过："怎样的环境，就得到怎样的刺激，得到怎样的印象。"一个好的环境会对孩子产生一定的良性刺激作用。自主性表演游戏区环境的创设来源于本班幼儿的游戏想法和需要，让幼儿自己动手选择材料来创设环境，根据需要来挑选材料和工具，布置自主性表演区的场景。比如，幼儿自主设计化妆区、服装区、道具区、排练区、表演区等，所有的自主性表演区都需要自己的背景和材料，可以融合美术创作进行环境创设，这些都体现了幼儿积极参与环境创设的自主性。

（二）自主选择游戏主题

教师应该将表演游戏主题的选择权和主导权还给幼儿，鼓励和支持幼儿自主进行选择。通过每天的区域自主性游戏活动，引导表演区的幼儿与同伴自主选择、协商、讨论，最终决定要表演的主题，这样能大大提高幼儿参与表演的积极性。自主性表演游戏中的主题信息来源也是多渠道的，如表 4-12 所示。

表 4-12　不同的年龄阶段一些有趣的表演游戏主题和活动的内容

内容来源	小班	中班	大班
语言（故事）	小蛇多多 小兔乖乖 拔萝卜 上山打老虎	三只蝴蝶 金色的房子 三只小猪	白羊村的美容院 小蝌蚪找妈妈 七色花
主题活动	有趣的车 小池塘里的故事	春天里的动物 龟兔赛跑 小蝌蚪找妈妈 白雪公主	各种各样的桥 食物的旅行 国王生病了 皮影戏
日常生活、事件	身边的人 糖果店 逛公园 坐汽车	天气播报 消防员来救火 秋叶服装展示	小小魔术师 元宵节的故事

续表

内容来源	小班	中班	大班
动画与图书	巴巴爸爸 小动物请客	西游记 美丽的公主 巴啦啦小魔仙	喜羊羊与灰太狼 白雪公主 小红帽
个体展示	兔子舞 睡衣秀 自由舞蹈表演	故事大王 新疆舞 才艺展示	木偶剧 服装秀 恐龙世界

（三）自主创编表演游戏

表演游戏应该是幼儿自己感兴趣、自主创编的游戏。当出现幼儿不感兴趣的表演游戏的故事情节时，教师需要通过恰当的介入来引导幼儿重新创编这类游戏的故事情节，加入新的游戏思路，培养幼儿游戏的自主性和探究性能力。

（四）投放的材料要具有安全性、创造性和多元性

材料是表演游戏不可缺少的重要组成部分，幼儿通过操作游戏材料来获得新的表演经验和巩固已有的经验，对幼儿养成良好的学习品质有着极其重要的作用。教师提供具有安全性、创造性和多元性的材料，供幼儿自主选择进行表演，能大大激发幼儿表演的兴趣。

1. 材料的安全性

投放的材料须安全轻便、牢固耐用、易穿戴脱换，符合幼儿的年龄特点。且投放的材料是幼儿能接受并喜欢的，能让幼儿愿意主动使用的，让幼儿具有安全感的。

2. 材料的创造性

投放的材料应该富有创造性，教师可以设置一个“百宝箱”，为幼儿提供一些生活中常用的物品和工具。当幼儿在实践活动中产生了关于日常生活的一些新想法、新要求时，教师可以引导和鼓励他们从“百宝箱”中寻找自己所需的材料并进行创造性的使用。

3. 材料的多元性

投放的材料一般分为四类，即乐器类、道具类、视听类以及自制类，如表

4–13 所示。教师在投放材料时，要根据幼儿的兴趣和表演需要，投放多样性的材料，顺应幼儿的发展趋势，立足于多样化的要求，不断更新材料的投放，让幼儿在表演游戏时具有更多的自主选择权。

表 4–13　表演区投放材料的多元性

种类	材料	投放功能
乐器类	金属类：手铃、腕铃、摇铃、串铃、碰铃、三角铁、铃鼓、梯式音砖 木质类：单响筒、木鱼、沙槌、小鼓、手响板、蛙鸣筒、木琴 弹拨类：小钟琴、电子琴、铝板琴、梯式铁琴、电子架子鼓、八音盒 鼓类：大军鼓、儿童落地鼓、定音鼓、木肚旋转鼓、小手鼓	1. 探索乐器的玩法和特色，掌握正确的使用方法，感知音乐特征，发展对音乐的感受和理解力 2. 体验和感知歌谣、歌曲以及某些生活现象中的节拍、节奏的强弱、快慢 3. 激发欣赏美与表现美的愿望，有良好的表现力、合作能力，乐于表现自己
道具类	小舞台、幕布、头饰、服装（动物服装、民族服装、戏剧服装、自制服装等）、纸偶、手偶、整理箱	1. 提供幼儿装扮自己、表现自己的机会和条件，丰富幼儿对角色的认识 2. 引导和支持幼儿进行角色分工，使其模仿、表演更为生动形象 3. 增强幼儿表演的愉悦情绪，进一步激发幼儿表演的积极性和创造性
视听类	音乐及播放设备（音响） 录像及播放设备（手机） 电子白板电脑	1. 丰富幼儿的感知觉经验，增强幼儿愉悦的情绪体验 2. 营造表演的情境，烘托表演氛围 3. 暗示表演的情节、思路或线索 4. 提高幼儿运用工具记录、配合表演的能力
自制类	装水玻璃瓶、鼓槌、益力多响罐 奶粉罐小鼓 小、中、大塑料桶 自制沙槌、自制鼓、自制乐器、自制敲击板	1. 丰富幼儿的感知觉经验，增强幼儿愉悦的情绪体验 2. 培养幼儿的自主动手能力和创造力 3. 培养幼儿的合作能力 4. 丰富幼儿的舞蹈表现力

（五）自主地选择同伴和角色

要让幼儿能够在表演性游戏中获得更好的体验并自主参与，教师可以放手让他们自主选择表演同伴。为了尽量避免所有能力较弱的幼儿都组合在一起，教师可以在幼儿进行组合之前适当地提出一些要求，用激励、榜样等手段使这些能力较弱的幼儿更加自然、合理地得到分配。表演团队划分好后，幼儿就可以在小组内自主选择所需要表演的人物角色。当两个角色之间的选择出现冲突时，教师可以采取以下的办法来进行解决。

1. 轮流表演法

这是通过两名幼儿自行与教师商量或者采用游戏（如石头剪刀布、比高矮等）来解决的一种办法，最终确定谁先演、谁后演，两个孩子进行轮流表演。

2. 探究性发现法

面对反派人物，特别是像大灰狼、光头强时，幼儿往往不愿参演，此时教师应帮助、引导幼儿探究角色扮演的特点与趣味，鼓励幼儿大胆尝试。

（六）因材施教、引而不发，引领幼儿大胆使用替代物

在进行教学活动的过程中，为了让幼儿表演性的游戏更加逼真，教师通常都会投入大量时间与精力来帮助幼儿创造出很多逼真的游戏素材，但是当他们的知识与能力已经达到一定的水平以后，同样的素材反而会局限他们的观察能力与思维方式发展。同样的材料，同样的玩法，重复几次以后，幼儿将不再对材料乃至表演区产生兴趣。因此，教师一定要敏锐地捕捉和考虑到每个幼儿的兴趣点以及他们能力的发展水平，及时地进行材料替代，并且要积极鼓励幼儿充分地结合人物角色与情节发展，自发地进行材料替换，在增加游戏趣味的同时，提高使用替代物的能力，让自主性表演游戏开展起来更具有趣味性。

【案例 4-26】小乌龟和它的好朋友们

在情景剧《小乌龟和它的好朋友们》的场景布置上，教师利用水草、石头、贝壳、网子等，布置成了一条小河的样子。几名幼儿在台下当观众。第一次演出时，幼儿对于新奇的故事情节和道具都充满了好奇，参与性很高。可是时间一长，小观众们就没有兴趣了。这时，教师及时抓住幼儿即将失去的兴趣，提出引导："小乌龟回家了，那它的好朋友小虾和小鱼呢？它们会去哪里呢？"带着问题，幼儿展开了讨论，大家都纷纷表示，小乌龟回家了，它们也会回家了。那么新问题来了，它们的家在哪里呢？于是教师便让孩子们根据自己的感受和想法，想想它们的家可以怎么构建。孩子们可兴奋了，有找纸箱做家的，有找易拉罐做栅栏的。孩子们全部都参与其中，彼此之间既有互相合作，也有商量，一起像模像样地自己动手做起来，开始在活动中寻找替代品来装饰新的情境和场景。

六、教师在自主性表演游戏中的角色

在表演游戏中，幼儿们可以大胆地、尽情地表达他们的自我。但如果放任幼儿自己在表演区域进行游戏，就很难培养幼儿的自我表达能力，这样一来，自主性表演游戏就会形同虚设。教师适当地参与，有利于发挥幼儿活动的自主性。

（一）及时地介入

在介入之前，教师一定要先仔细地观察小朋友们的表现，针对其中可能出现的问题，选取正确的时间和地点融入幼儿的活动，切勿在过程中打断其他幼儿。同时，教师也可以作为一名引导者，引导小朋友们发现自己的问题，协商解决存在的问题。

（二）引导幼儿间相互学习

孩子的能力有强有弱，有些不自信的幼儿在表演时可能会不够大胆，这时候教师可以让表演能力强的小朋友带动表演能力弱的小朋友进行表演，孩子与孩子直接交流沟通更容易被接受，更能被带动。

【案例 4–27】小红帽

在《小红帽》故事表演中，李逸轩比较害羞，不太敢表现，而王晨馨性格外向，喜欢表现。李逸轩在演大灰狼的时候有些害羞，表现得不够狡猾，王晨馨就告诉他：“大灰狼在骗小红帽的时候声音可以这样。”她一边捏鼻子一边学狼外婆说话，用粗重的声音说：“我是你的外婆，因为感冒了，所以声音变了。”然后李逸轩就跟着她学会了。

（三）及时表扬鼓励

当孩子表现出色的时候，需要得到肯定，教师要及时地给予其肯定与表扬。比如，龙书菲在班上胆子很小，但是又有很强的表演欲望。每次老师让小朋友选表演区的时候，她都会举手，但是在表演的时候总是紧张得发抖，声音也很小。老师悄悄在旁边观察的时候，会让小朋友给她拍掌鼓励。当她表演完一首歌后及时地给她鼓掌，表扬她，建议她声音再大一点就能更好听，并说道：“小观众们，你们觉得她表现得好不好？还想再看一次吗？”引导孩子们给她信心与鼓励。第二次的时候她就能比第一次表现得更好。

当幼儿在游戏中出现下列情况时，教师可以介入幼儿的游戏。

（1）每次都选择相同的角色，行为、语言比较单一、重复。

（2）几个孩子选择同样的角色。

（3）某个角色没有孩子愿意选择。

（4）只在区域内停留很短的时间，就要离开。

（5）始终是旁观者，不能与同伴一起活动。

（6）表演中产生了新的想法，并表现出来。

（7）幼儿对某个情节感兴趣，总是重复表现。

（8）比较喜欢指挥其他的同伴，并且常遭到别人的拒绝，还依然想自己指挥。

（9）一直都不愿与他人进行合作，喜欢自己做表演。

（10）比较喜欢使用动作来表现，言语活跃时间比较少。

七、对幼儿自主性表演游戏进行评价

评价是自主性游戏的一个重要环节，起到了促进教师的表现和提高游戏技巧水平的作用。在对游戏进行评价时，应将其视为一个幼儿主动参与游戏互动的机会，这种评价机会的意义和价值就在于让幼儿充满快乐地尽情、愉悦地去分享游戏过程中的感受和情绪体验、探究经历等。教师不应是一个批评者，而应是一个热切地关注着幼儿游戏评价的支持者和帮助人。教师诚心诚意的教育态度，是鼓励孩子在教育游戏中用自己的真情实感去表达的一种教育良策。

在开展游戏评价、活动评估时，教师应充分尊重和理解幼儿，真诚地耐心倾听，全面给予支持，适度进行提升等，这将会更有利于充分调动和大大激发幼儿参与各类游戏的积极性和游戏评价的积极性、主动性，推动幼儿身心健康的成长。教师可以让每个幼儿说说自己在游戏中的观察和认识，以及对其他人富有强大创造力的各种做法的想法。

自主性表演游戏活动评价表如表 4-14 所示。

表 4-14　自主性表演游戏活动评价表

教师评价	评价的目的不是区分幼儿优劣或促使幼儿相互比较，而是帮助教师了解幼儿的学习方式、认知风格、发展阶段，促进幼儿进一步发展
	社会交往能力： 1. 幼儿能否在交往中控制自己的情绪？ 2. 幼儿能否清晰地表达自己的想法？ 3. 幼儿能否友好地与同伴进行协商和合作？ 4. 幼儿能否遵守活动区的规则？ 5. 幼儿能否在活动结束后主动收集、整理材料？ 表现力： 1. 幼儿能否体会剧本中人物的情绪情感和思想等潜在内容？ 2. 幼儿能否通过自己的语言、肢体，表现出该角色的要求？ 3. 幼儿能否明确并始终坚持自己的角色？ 自主性与创造力： 1. 幼儿能否根据角色和剧情需要，自主选择和使用道具？ 2. 幼儿能否主动与同伴协商解决遇到的问题？ 3. 幼儿能否大胆地表达自己的想法和需求？ 4. 幼儿能否将低结构材料变换成不同的道具，体现一物多用？
幼儿自评与互评	幼儿之间的相互评价，应侧重于发现同伴的优点，提出的问题应能够帮助同伴进一步完善自己的探究过程
	1. 同伴能否遵守表演区约定的规则？ 2. 同伴能否持续扮演所分配的角色？ 3. 同伴的表现是否符合该角色的特点和要求？ 4. 同伴能否通过和平友好的方式解决彼此的分歧和矛盾？ 5. 同伴是否会干扰表演的正常进度？

教师在游戏评价和活动评估后应思考，自主性表演游戏活动评价是否真的能够达到游戏教育中的目标，促进了幼儿创造性思维和自主性探索能力的发展。

第五章

自主性游戏活动观察与评价

第一节　自主性游戏活动评价依据

随着学前教育事业的快速发展，学前教育质量问题引起了世界各国的高度关注。如何为幼儿提供有质量的学前教育也是我国当前在发展学前教育时所面临的重要问题之一。游戏是幼儿最喜欢的活动，也是最适合其成长需要、最符合其年龄特征的活动。游戏不仅是幼儿园一日生活的重要组成部分，也是幼儿园的基本活动。自主性游戏是幼儿在一定的游戏环境中根据自己的兴趣和需求，自由选择、自主展开、自发交流的积极主动的活动过程，也是幼儿积极性、主动性、创造性充分发挥的过程。我们应仔细观察，积极思考，带领幼儿在自主性游戏中获得更好的成长。要了解幼儿园自主性游戏的开展成效，就必须对其进行评价。通过对幼儿的自主性游戏活动进行多维度评价，可以充分引导和支持幼儿参与活动，使活动为幼儿身心健康成长和个性发展起到促进作用。

一、什么是自主性游戏活动评价

陈玉琨教授指出，“就其本质而言，评价是一种价值判断的活动，是对客体满足主体需要的判断”①。结合自主性游戏活动质量的概念，将自主性游戏活动质量评价作如下界定：自主性游戏活动的环境创设、游戏活动的开展过程等满足幼儿身心发展需要的程度。通过构建幼儿园自主性游戏活动质量评价指标体系，能为评价教师指导自主性游戏活动的能力和检验自主性游戏活动开展与实施的效果提供一定的科学依据，同时也能促使教师对自主性游戏活动的支持与指导水平的提高。

二、自主性游戏活动评价的意义

幼儿园以游戏为基本活动，是我国学前教育改革的重要命题，也是幼儿园

① 陈玉琨．教育评价学[M].北京：人民教育出版社，2014.

课程改革的重要指导思想。《幼儿园教育指导纲要（试行）》《3—6 岁儿童学习与发展指南》《幼儿园工作规程》都在强调这一要求。幼儿园积极创设符合幼儿年龄特征和身心发展需要的自主性游戏环境，是维护幼儿自主游戏权利的体现，应将活动视为一种隐形的课程和资源，通过对游戏活动的科学评价，不断完善和更新其环境设备，营造良好的活动氛围，在尊重幼儿主体地位的基础上，促进其个性的全面发展，使幼儿在活动评价机制下，不仅能获得经验的积累、习惯的培养、个性的塑造，还能促进深层次学习的发展。

三、自主性游戏活动评价的标准

自主性游戏活动的评价标准可作为幼儿园自评的工具，帮助幼儿园管理层及教师了解本园自主性游戏活动开展的实际情况。与此同时，在评价自主性游戏活动是否有效时，要注意各项指标之间的联系。制定自主性游戏有效活动评价标准采取"优秀""良好""合格""不合格"四个等级，其中"优秀"代表的是表现理想，可以作为成功经验进行推广，也可作为幼儿园努力要达成的目标；"良好"代表的是表现良好，但仍有发展的空间；"合格"代表的是表现可以接受，但仍有需要改进的地方；"不合格"代表的是表现欠佳，亟须改善。

长沙市、上海市等各地区幼儿园关于自主性游戏活动开展的工作规范和标准，能够为幼儿园自主性游戏活动质量评价标准的制定提供现实参考。例如《长沙市幼儿园教育基本质量评价表》从三个维度，即结构性质量、过程性质量、结果性质量出发，对幼儿园应达到的基本要求作了相应的规定，可参照该表中有关游戏和区域活动的内容将其作为"合格"等级的评价标准。而《安徽省一类幼儿园评估指标体系》《福建省示范性幼儿园评估标准（试行）》针对的是示范园，发挥的是示范辐射作用，规定的要求更高，因而可作为"优秀"等级评价标准的参考。

四、自主性游戏活动评价的原则

（一）科学性原则

科学性原则是指幼儿园自主性游戏活动质量评价标准应能反映幼儿园教育

的科学性。幼儿教育的科学性体现在幼儿园教育指导性文件中，如《幼儿园工作规程》规定，幼儿园教育应包含德、智、体、美等多个方面，确保幼儿全面发展需求得到相应满足；《幼儿园教育指导纲要（试行）》规定，幼儿园教育要确保幼儿身心全面和谐发展的目标能够得以实现。因此，在制定幼儿园自主性游戏活动质量评价标准时，不能偏离《幼儿园工作规程》和《幼儿园教育指导纲要（试行）》等指导性文件的要求，应将幼儿园教育的科学性作为评价标准制定的依据和方向。

（二）全面性原则

全面性原则是指在制定幼儿园自主性游戏活动质量评价标准时，要全面、系统地从自主性游戏的质量观出发，对自主性游戏活动质量的构成要素进行多维度的思考，如游戏环境的创设、游戏中教师的支持、游戏中幼儿的表现。如果评价标准的制定只重视某个方面，如游戏条件方面，势必会引导众多教师、家长片面地追求幼儿园物质环境的创设，而导致幼儿教育和幼儿发展的片面性。在制定自主性游戏活动质量评价标准时，应基于全面性原则，从整体上对有关自主性游戏活动质量的要素进行把握，形成由自主性游戏环境的创设、游戏中幼儿的行为、游戏中教师的支持构成的评价指标体系。

（三）操作性原则

操作性原则是指评价标准应是具体的、明确的和可操作的。具体而言，其包括两个方面的内容：一是幼儿园自主性游戏活动质量评价标准的制定要切合实际，既要充分考虑相关的教育政策、法规、文件的要求，也要符合幼儿园自主性游戏活动开展的实际情况；二是幼儿园自主性游戏活动质量评价标准要具有可测性，这也就意味着在制定幼儿园自主性游戏活动质量的评价标准时，要尽可能地使用操作性的语言加以定义，减少抽象化和概念化的词汇，避免语义含混不清。

五、自主性游戏活动评价的内容

自主性游戏活动评价的内容，即幼儿园评价的对象或客体，包括自主性游戏环境、幼儿的游戏行为及教师的指导行为。

（一）自主性游戏环境评价

对自主性游戏物质环境的评价，不仅应关注室外游戏场地与室内游戏区，还应关注游戏材料的投放与运用。对室内活动区的评价，要看占用面积、内容丰富与合理程度、数量适宜程度、内外部结构、安全卫生等五个指标。游戏材料是幼儿进行游戏活动的物质基础，无论室外环境，还是室内环境，都离不开一定的游戏材料。不同年龄幼儿的经验和发展水平不尽相同，教师在对其游戏环境进行评价时，可从游戏材料的数量、种类和层次性投放上进行。

（二）自主性游戏中的幼儿行为评价

对自主性游戏中幼儿行为的评价，包括一般行为评价与各类游戏中行为的评价。

其一，幼儿在自主性游戏中的一般行为评价。关于一般行为评价，有两方面的认知。一方面，若要了解幼儿在自主性游戏中的一般性发展情况，应关注其游戏目的、注意力与兴趣表现、游戏玩法、社会性参与水平、交往性质、交往态度、遵守游戏规则的自律能力、情绪表现、坚持性操作能力等指标。另一方面，应关注自选游戏、主题确定、材料使用、人际关系、活动持续性等指标。其二，幼儿在各类游戏中的行为水平评价。关于行为水平评价也有两方面认知。一方面，对于角色游戏中幼儿的行为水平，应考察认知与技能、情感体验、社会性发展三个方面，具体有游戏主题的自主选定、游戏情节的反应与发展、游戏材料的运用、角色意识、社会参与程度等指标。另一方面，对于结构游戏中的幼儿行为水平，应关注材料选择与运用、建构技巧、主题的目的性、建构过程中的专注程度和社会性行为水平等指标。

（三）自主性游戏中的教师行为评价

对教师在自主性游戏中的行为进行评价，主要是考察教师实际承担的角色及作用，应关注教师的指导水平、组织能力与介入方式。

其一，教师在自主性游戏中的指导水平评价。研究者对于如何评价教师在各类游戏中的指导行为提出了自己的看法。对于教师在角色游戏中的指导水平，应关注教师对游戏的目的与计划设定、材料准备、时间安排、指导方式、指导效果等指标；对于教师在结构游戏中的指导水平，应考察教师对结构材料的功能性及其操作技能的了解、对游戏阶段的把握、指导方式与方法、对幼儿结构水平的了解、指导效果等指标。对于教师在教学游戏中的指导水平，应考察教师对游戏目的和意义的理解、在游戏中组织能力和感染力、与幼儿的互动情况和水平、对游戏的创造性发挥、对游戏目的和价值的认识、时间和场地的安排、开放性材料的准备、对幼儿的观察和了解、指导方式及效果等指标。

其二，教师在自主性游戏中的组织能力评价。王坚红认为，可从游戏中的幼儿表现情况与教师指导水平两个方面来考察教师对自主性游戏活动的组织能力。具体而言，应考察教师能否保证自主性游戏活动充足的时间与合理的场地，能否提供合理的材料，能否从幼儿年龄特点出发促进游戏主题的发展与情节的丰富，能否对游戏进行及时有效指导等指标，以及幼儿能否积极、愉快地参加游戏活动，能否投入游戏，坚持完成自己的任务等指标。

其三，教师在游戏中的介入方式评价。鄢超云指出，评价教师在幼儿园游戏中的介入情况，主要是看其是否介入以及介入是否恰当。评价教师介入方式是否适宜，应强调的是如何满足幼儿的游戏需要，如何尊重幼儿游戏的自主性，从而促进幼儿进行自我探索、感知、创造与想象等品质的发展。

第二节　自主性游戏活动评价要点

一、自主性游戏活动环境的创设

（一）自主性游戏活动环境的设置

1. 区域划分是否体现个性化

自主性游戏活动的区域划分与设置是一种十分能够凸显班级差异的教育形式。走进活动室，可以通过直接观察，及时了解教师在活动室中是否根据本班幼儿的实际水平、主题课程的开展需要、班级的特色发展、本班教师的优势基础来设置多种可供幼儿选择的活动区，并且由此来对自主性游戏活动环境进行评价。

2. 自主性游戏活动的材料投放是否实现差异性

不同年龄阶段的幼儿在认知水平、生活经验方面都存在明显的不同，因此在评价自主性游戏活动环境时，要关注教师在材料投放时是否注意与本班幼儿的年龄水平、兴趣爱好、发展现状相适宜，可从游戏材料的数量、种类、层次上进行评价。投放的材料既不能脱离幼儿的原有水平，也不能缺乏挑战性。

（二）幼儿对自主性游戏活动的兴趣

1. 观察幼儿对自主性游戏区域的使用频率

自主性游戏从本质上说是指一类由幼儿自主选择的能带来愉快情绪体验的有操作材料的活动。幼儿的自主性是游戏最内在的本质，反映了儿童的自主性地位。游戏是一种自发、快乐，代表幼儿意愿的活动，幼儿在参加游戏时，注重的是游戏体验，关注的是"喜欢""不喜欢"。教师可以通过观察，及时了解孩子对活动的兴趣、喜好。因此，各活动区域使用频率的高低就成了解和考察区域环境是否符合幼儿兴趣、需要的重要依据。如果出现无人问津的情况，则说明环境设置、材料投放肯定存在一定问题，需要教师与幼儿共同来进行改变。因此，通过评价自主性游戏游戏的使用频率可以帮助教师及时了解自主性游戏环境对幼儿的支持度是否适宜，从而进行灵活调整、优化。

2. 观察幼儿在自主性游戏区域中与环境材料互动的具体表现

幼儿在游戏中与环境、材料不断发生着互动，互动能真实地体现出他们对环境的肯定与否定。我们可以从幼儿在游戏活动区域中是否能够专注地进行探索，是否为争夺材料而发生争执等现象来了解游戏材料数量是否满足幼儿的需要；评价幼儿是否参与游戏材料的收集和提供，从而了解幼儿在班级环境创设中的主体性地位；观察幼儿专注游戏材料的时间，了解材料提供是否能推动幼儿的探索。

二、自主性游戏活动中的幼儿

自主性游戏活动为幼儿的成长和发展带来的价值一般表现在四个方面：第一，自主性游戏活动可以促进幼儿身体的生长发育；第二，自主性游戏活动可以促进幼儿智力的发展；第三，自主性游戏活动可以促进幼儿良好的情绪、情感的发展；第四，自主性游戏活动可以促进幼儿社会性的发展。游戏活动能力是动作、认知、情绪情感、交往等方面能力的综合，因而，对幼儿自主性游戏活动的评价，不仅应该反映幼儿的自主性游戏水平，也应当关注幼儿各个方面的发展情况，从而作出全面的评价。

（一）对幼儿游戏水平的评价

幼儿的游戏水平和幼儿的身心发展一样，经历着一系列的发展历程。由于不同年龄的儿童在生理、心理和生活经验方面存在着差异，游戏的内容和方式也有所不同。通过观察、记录、分析，可以从以下几个方面对幼儿园的游戏水平进行评价。

1. 幼儿的游戏是否具有目的和主题

幼儿较高层次的游戏水平体现在幼儿能明确游戏的目的和主题，并能深入探索的行为上。即幼儿在游戏活动开始的时候，能否不受他人的影响，为自己确立游戏的目的，根据游戏的目的确立游戏的主题，并坚持且深入地进行挖掘。

2. 幼儿的游戏是否能发展丰富的游戏情节

随着幼儿游戏水平的发展，幼儿组织的游戏情节应从简单、零散到反映家庭或日常生活现象，发展到内容丰富、具有延伸性。

3. 幼儿是否能专注于游戏

游戏水平较低时，幼儿对游戏活动缺乏兴趣，并且注意力容易分散。随着幼儿游戏水平的发展，幼儿应逐渐能够专注于游戏活动，并且能够坚持到底，克服游戏过程中遇到的困难。

4. 幼儿是否能遵守游戏规则

游戏水平较低的幼儿经常表现出破坏性行为，不能遵守规则。随着游戏水平的发展，幼儿应逐渐能够认真遵守游戏规则，爱护玩具，主动收拾玩具，并且能够按类对玩具进行整理。

通过对以上四个方面进行评价，教师能形成对幼儿的游戏经验和游戏水平的大致了解，从而在此基础上，给予幼儿更恰当的支持，促进幼儿游戏水平的进一步发展。

（二）对幼儿整体发展水平的评价

幼儿的游戏活动是其各方面能力的有机整合与全面展现，因而对幼儿游戏活动的评价也应当关注对幼儿整体发展水平的评价，从而更全面地了解幼儿。

1. 评价幼儿社会性发展水平

美国心理学家帕顿以儿童在自由游戏中的协同程度为依据，将儿童游戏分为独自游戏阶段、平行游戏阶段、联合游戏阶段和合作游戏阶段。在不同的游戏阶段体现了幼儿不同程度的社会性发展水平。教师应认真、仔细地观察、评价。

2. 了解幼儿认知水平的变化

教师应通过自主性游戏活动了解幼儿的认知水平，并掌握其动态变化，例如，在结构游戏中，幼儿对结构材料的建构方式和建构能力，可以较为直接地反映幼儿的认知水平。

3. 判断幼儿身体的生长情况

在身体动作较为明显的游戏中，可以对幼儿大、小肌肉动作的发展进行了解，也能对幼儿的骨骼、关节等的发展情况作出评价。

4. 掌握幼儿情绪、情感的状态

通常，游戏能带来愉悦的情绪。游戏是幼儿表达各种情绪的场所，对游戏活动的评价可以使教师掌握幼儿在日常生活中的情绪、情感状态。

三、自主性游戏活动中的教师

观察是教师评价幼儿游戏水平的手段。一方面，教师对幼儿游戏活动的观察是了解幼儿的有效途径。观察提供了一个深入儿童内心的窗口，能使教师试着去理解儿童的脑子里究竟在想什么。另一方面，教师对幼儿游戏活动的观察是恰当评价的保证。在学前教育领域，观察是重要的评价和诊断工具。然而，教师在游戏观察时却面临着许多问题与困惑，这就有必要对教师在游戏中如何观察幼儿作进一步的探讨。

（一）观察前应明确观察目的

教师在进行游戏观察前，应先明确观察的目的，这是进行有效的游戏观察的前提。许多教师认为对游戏的观察应当全面。然而，教师的精力是有限的，且观察也是一个长时间的连续的过程，因此教师每一次的观察应当纵向深入，而不是横向平铺。教师在进行游戏观察前，可将观察视角锁定在某一个或几个方面。比如，教师可以将观察目的预设为对游戏情节发展的观察，对游戏材料使用情况的观察，对幼儿交往情况的观察，对幼儿遵守规则情况的观察，等等。

（二）观察时应选择适当的观察方法

选择适当的观察方法是教师进行有效的游戏观察的基础。不同的观察方法适合不同的观察目的。当教师确定了观察目的以后，应以观察目的为指导，选择较为合适的观察方法。教师在进行游戏观察时，较常用的方法有扫描观察法、定点观察法、追踪观察法等。

1. 扫描观察法

扫描观察法适用于对幼儿全体游戏状况的观察。使用扫描观察法，教师应当提前根据所需观察的幼儿的总人数来计算平均每位幼儿的观察时间。通过这种观察方法，教师能从整体上把握每位幼儿的游戏情况。

2. 定点观察法

定点观察法适用于对某一个游戏区域幼儿游戏情况的观察。定点观察是指教师选择某一空间位置固定下来，然后对该区域内幼儿游戏的情况进行观察。这种方法可以较好地了解到游戏中幼儿的交往情况以及游戏情节内容的发展等。

3. 追踪观察法

追踪观察法可用于对某一位或两位幼儿的观察，或者用于对某一件或两件游戏材料的观察。这种观察法的特点就是固定观察对象，教师随观察对象位置的变动而相应地改变位置。

教师在选择观察方法时，应根据个人对方法的掌握情况以及不同的观察目的进行选择，从而更好地观察幼儿的游戏行为。

（三）观察后应及时整理并分析观察记录

教师在完成游戏观察以后，会拥有各种形式的原始观察资料，如书面笔记、照片、录音、录像等。进行整理和分析的首要原则就是教师要尽早通读记录下来的草稿，尽快地将草稿补充完整，那么正式的观察记录就变得很容易完成了。教师在整理观察记录，形成对典型事件的描述时，应尽量做到准确而具体，以便之后能更好地对观察记录进行分析。教师在对整理好的观察记录进行分析时，应当注意以下几个方面。

1. 针对观察目的进行分析

教师应当针对观察目的，从幼儿的言语和行为表现进行分析。幼儿的言行是观察记录笔记的主体，为分析观察记录提供了重要的资料来源。从幼儿的言行入手，可以了解幼儿的活动情况，分析出观察目的的实践情况。

2. 从游戏材料的使用情况进行分析

教师应当从幼儿使用游戏材料的情况出发，对观察记录进行分析。观察幼儿活动的直接目的就是便于教师了解和调整活动材料。从幼儿使用游戏材料的频率，可以分析出游戏材料在活动中的价值体现及幼儿能力的发展情况。

3. 从游戏环境进行分析

教师在分析观察记录时，应注意游戏环境是否能促进幼儿的身心发展，使其充分发挥应有的功效。在具体实施过程中，教师可通过两方面来着手。一方面，教师可在游戏环境中，充分考虑幼儿的特殊需要，从而使每个幼儿都能在游戏中获得成长；另一方面，教师在进行游戏环境评价时，应注重其是否存在幼儿创作的痕迹，从而使幼儿能够通过寓教于乐的方式，实现“玩中学”的目标，使游戏环境真正成为幼儿服务，提高他们参与游戏的积极性，促进其全面而富有个性的发展。

在自主性游戏观察中，观察目的、观察方法、观察记录的整理和分析是一个三位一体的关系。观察目的是指导观察方法和观察记录的整理和分析的基本点。观察的过程是教师运用专业的知识去发现、分析、研究和解决问题的过程，也是教师自我成长的重要途径。因此，观察是教师在自主性游戏活动中的重要工作。在观察幼儿游戏的过程中，教师要以幼儿为本，客观地观察幼儿，让幼儿在真游戏中玩出自我，从而促进幼儿各方面的发展。

表 5-1　自主性游戏活动环境创设评价表

一级评价指标	二级评价指标		标准分	得分
自主性游戏活动环境的创设 30 分	区域的空间设置 10 分	区域的面积是否能够满足幼儿开展活动的需要	3	
		区域空间是否适度封闭，有利于幼儿专心操作	4	
		区域内是否根据活动需要设有桌椅等设施	3	
	区域的材料投放 20 分	材料是否有明确的目的性和层次性，适合不同发展水平的幼儿操作	8	
		材料是否适合幼儿的年龄特点，并根据幼儿的发展水平经常变换玩法或提高难度	8	
		材料是否分类明确、摆放整齐，有利于幼儿养成良好的取放习惯	4	

表 5-2 自主性游戏活动中的幼儿评价表

一级评价指标	二级评价指标		标准分	得分
自主性游戏活动中的幼儿 40 分	幼儿的兴趣和参与度 10 分	幼儿是否对操作活动充满兴趣，是否能积极参与活动	5	
		幼儿是否能持续一段时间进行操作	5	
	幼儿活动的专注程度 10 分	幼儿是否能够专注地投入活动	6	
		幼儿是否能够不受外界干扰专心活动	4	
	幼儿的秩序感发展 10 分	幼儿是否能够按照一定的顺序有条理地操作材料	5	
		幼儿使用材料后是否能够将其收拾整齐并物归原位	5	
	幼儿的手眼协调能力和动作发展 10 分	幼儿是否能够手眼协调一致地做动作	4	
		幼儿是否能够使用较细小的物品活动	4	
		在材料数量较多时，幼儿是否能够正确操作而不经常撒掉	2	

表 5-3 自主性游戏活动中的教师评价表

一级评价指标	二级评价指标		标准分	得分
自主性游戏活动中的教师 30 分	对幼儿的观察 6 分	能否在幼儿活动时进行耐心细致的观察	2	
		能否通过观察，敏锐地发现幼儿活动中的问题	4	
	对幼儿的指导 10 分	能否适时地对幼儿活动中的困难提供帮助	6	
		能否对幼儿活动进行适宜、适时的指导	4	
	对活动的评价 6 分	评价是否具有针对性，对幼儿的活动是否有指导作用	6	
	对区域环境的反思和调整 8 分	能否根据幼儿的活动情况对区域的空间和环境进行及时的调整	4	
		能否根据幼儿的活动情况对材料进行更新或者调整	4	

表 5-4　游戏观察要点及发展提示

	观察要点	发展提示
表征行为	能否清楚地分辨自我和角色及真和假的区别	自我意识
	出现哪些主题和情节	社会经验范围
	动机出自物的诱惑、模仿、意愿	行为的主动性
	行为仅仅指向物，还是指向其他角色	社会交往与语言表达
	行为指向哪些相对应的角色	社会关系认知
	行为与角色原型的行为、职责的一致性程度	社会角色认知
	同一主题情节的复杂性和持久性	行为的目的性
	行为是以物品为主，还是以角色关系为主	认知风格
	能否使用替代物进行表征	表征思维的出现
	同一情节中能否使用多物替代	想象力
	替代物与原型之间相似的程度	思维的抽象性
	能否用同一物品进行多种替代	思维的变通和灵活
	能否用不同物品进行同一替代	思维的变通和灵活
	能否对物品进行简单改造后再用以替代	创造性想象
构造行为	关于结构材料拼搭插接的准确性和牢固性	精细动作与手眼协调
	关于造型是先做后想，还是边做边想，或先想好了再做	行为的有意性
	构造哪些作品	生活经验
	能否按一定的规则对材料的形状、颜色有选择地进行构造	逻辑经验
	注重构造过程，还是不同程度地追求构造结果	行为的目的性
	能否使用多种不同的材料搭配构造	创造力与想象力
	构造作品外形的相似性	表现力
	构造作品的复杂性	想象的丰富性
	能否探索和发现材料特性并解决构造中的难题	新经验与思维变通

续表

	观察要点	发展提示
合作行为	独自游戏，平行游戏还是合作游戏	群体意识
	更多主动与人沟通还是被动沟通	交往的主动性
	更多指示别人还是跟从别人	独立性
	能否采用协商的办法处理玩伴关系	交往机智
	能否同情、关心别人和博得别人的同情与关心	情感能力
	交往合作中的沟通语言	语言与情感的表达与理解
	是否善于调整自己的行为以适应他人	自我意识
规则行为	能否爱惜物品，坚持整理玩具，物归原位等	行为习惯
	能否使用一定的规则解决玩伴纠纷	公正意识
	是否喜欢规则游戏	竞赛意识
	是否自觉遵守游戏规则	规则意识
	能否创造游戏规则	自律和责任
	游戏规则的复杂性如何	逻辑思维